Sawadee,

unseren Autor Michael Möbius lässt Thailand nicht los. Schon seit vielen Jahren verbringt er jedes Jahr die Wintermonate in Südostasien. Er ist beeindruckt von der flirrenden Metropole Bangkok, von den vor Gold nur so glitzernden Tempeln, von der einsamen Berglandschaft im Norden und den dort lebenden Völkern, aber auch von den fantastischen Stränden des Südens.

EINMAL ROBINSON CRUSOE SPIELEN …

Ohne Frage ist Thailand nicht zuletzt wegen seiner herrlichen Strände das beliebteste Reiseziel Asiens, das 2023 von rund 730 000 Deutschen besucht wurde. Neben den bekannten Urlaubszentren wie Phuket, Khao Lak oder Ko Samui mit bester touristischer Infrastruktur gibt es hier noch viele unbewohnte Eilande, auf denen man herrlich für eine Weile wie Robinson Crusoe leben kann. Wie und wo man diesen Traum am besten verwirklicht, verrät Michael Möbius auf S. 115.

LAND DES LÄCHELNS

So paradiesisch die Bedingungen vielerorts in Thailand sind, so kam es doch in der Vergangenheit in bestimmten Regionen des Landes immer wieder zu Unruhen. In jedem Fall ist es sinnvoll, sich vor einer Thailandreise über die aktuelle Sicherheitslage (am besten unter www.auswaertiges-amt.de, s. auch S. 34) zu informieren. Mit großer Wahrscheinlichkeit wird der Tourist Thailand allerdings als ein »Land des Lächelns« erleben; Fremden begegnet man dort in der Regel mit einer geradezu überwältigenden Freundlichkeit.
Herzlich

Ihre

Birgit Borowski

Birgit Borowski
Redaktion DuMont Bildatlas

»WENDE DEIN GESICHT DER SONNE ZU, UND DIE SCHATTEN WERDEN STETS HINTER DIR LIEGEN.«

THAILÄNDISCHE VOLKSWEISHEIT

Der Fotograf **Christian Heeb** lebt heute in den USA. Die Fotografie hat ihn in mit seiner Frau Regula fast in alle Länder der Welt geführt.

Dem Autor **Michael Möbius** ist Süd- und Südostasien inzwischen zur zweiten Heimat geworden. Sein ständiger Wohnsitz befindet sich jedoch in Norwegen.

84 Der Golf von Thailand ermöglicht atemberaubende Taucherlebnisse.

22 Bangkok gehört zu den modernsten Metropolen Asiens.

54

Auf den Märkten finden traditionelle Motive und moderne Darstellungen zusammen.

78

Überall im Land glänzen Tempel und Statuen.

Impressionen

Bangkok

Zentralthailand

Nordthailand

Ostthailand

Südthailand/ Golfküste

Südthailand/ Andamanenküste

Anhang

Unsere Favoriten

Das Beste erleben

Berührend, aufregend und spannend ...
sind unsere Ideen, die wir für Ihren Aufenthalt in
Thailand zusammengetragen haben.

Grüne Wunder

1

ELEFANTEN, TIGER & CO.

Im Khao Yai National Park gibt es noch wilde Elefanten und Großkatzen.

Seite 82

Tolle Atmosphäre

2

MARKTLEBEN AUF THAILÄNDISCH

Chiang Mais Night Bazaar ist eine Sehenswürdigkeit für sich.

Seite 67

Große Kunst

*** 3 ***

TEMPEL, MUSEUM, SCHATZKAMMER

Wat Phra Kaeo und Royal Grand Palace in Bangkok sind Glanzstücke thailändischer Architektur.
Seite 37

*** 4 ***

KRÖNUNGSINSIGNIEN UND MEHR

Im Nationalmuseum von Bangkok wird die größte Kunstsammlung Asiens gezeigt.
Seite 37

*** 5 ***

RESTE EINER ALTEN HAUPTSTADT

Sukhothai bietet mehr als 200 Tempel und Paläste auf, darunter den Königstempel Wat Mahathat.
Seite 51

*** 6 ***

TUK-TUK IN DIE VERGANGENHEIT

Ayutthaya ist extrem weitläufig. Im Tuk-Tuk geht es zu den attraktivsten Hauptstadtruinen.
Seite 52

*** 7 ***

»ANGKOR WAT THAILANDS«

Phimai gilt als Spiegel des hinduistisch-buddhistischen Weltbilds der Khmer.
Seite 81

Reiner Genuss

*** 8 ***

IM SCHUTZ DER DRACHEN

Ein »Reich der Mitte« in Bangkoks Zentrum – das ist Chinatown.
Seite 37

*** 8 ***

LEBENSADER SÜDOSTASIENS

Die Fahrt entlang dem Mekong ist ein herausragendes Landschaftserlebnis.
Seite 81

*** 10 ***

TRAUMGESTADE

Ko Samui ist mit vielen herrlichen Stränden gesegnet.
Seite 98

*** 11 ***

PARADIES UNTER DEN WELLEN

Die prachtvolle Unterwasserwelt des Ko Similan Marine National Park.
Seite 113

DAS FERIENPARADIES

Sonne, Strand und Spaß – von diesem Dreiklang träumen alle, die in Thailand Urlaub machen wollen. Ob Natur oder Kultur, Aktivurlaub oder Genussferien, quirlige Metropolen oder Strand-, Insel- und Berglandschaften (Foto: Ko Hai) im Zentrum des Interesses stehen: Thailand empfängt mit offenen Armen.

ORANGE GEHÖRT ZUM ALLTAG

Thailand ist ein ganz und gar buddhistisch geprägtes Land. 300 000 Mönche in mehr als 25 000 Klöstern kennzeichnen die Verankerung des Landes in der Religion. Wie hektisch die Alltagssituation auch sein mag, für einen Moment innerer Andacht ist selbst im Verkehrsgetümmel immer Zeit.

LANGER WEG IN DIE MODERNE

Knapp 800 Jahre sind vergangen, seit aus dem südchinesischen Raum Thai-Stämme einwanderten, ihre Metropole Sukhothai entwickelte sich zur Wiege der Thai-Kultur. Dann stieg Ayutthaya in den Rang der Hauptstadt auf. Erst nach 400 Jahren und 33 Königen ging Ayutthayas Stern unter und derjenige Bangkoks auf, das sich zur Megacity mit mehr als 16 Millionen Einwohnern mauserte und heute zu den faszinierendsten Städten der Erde zählt (Foto: Bangkok-Blick von der »Mondbar« des Banyan Tree Hotel).

IDYLLE UND REALITÄT

Wie in alten Zeiten wird auf den Schwimmenden Märkten von Damnoen Saduak auch der Tagesbedarf gedeckt. Doch entgegen dem Klischee ist Thailand – mittlerweile weltweit einer der größten Exporteure von Reis, Palmöl und insbesondere Kautschuk – schon lange kein Land der Fischer und Bauern mehr.

WIE IN VERGANGENEN ZEITEN

Elefanten gehörten in Thailand zum Alltagsbild – jedenfalls bis vor wenigen Jahren. Bei der königlichen Armee sind sie schon länger nicht mehr im Dienst. Mit dem Holzeinschlagverbot haben sie auch in den Wäldern ihre Arbeit verloren. Damit das alte Wissen um die Arbeit mit Elefanten nicht verloren geht, gibt es Schulen für Elefanten und Mahouts – in Lampang beispielsweise (Foto).

DAS LEBEN ALS TANZ

Von Buddhismus und Hinduismus beeinflusst, weist die gesamte Kultur des Landes seit jeher eine auffällige Homogenität auf. Zu den zentralen künstlerischen Ausdrucksmitteln gehört der Tanz – wie hier in Chiang Mais Kulturzentrum.

Die ausgefallensten Unterkünfte

ULTIMATIVE REFUGIEN

Einmal in einer Wipfelstube schlafen und geweckt werden vom Ruf der Gibbons? Wie wäre es mit einer romantischen Robinsonhütte an einem Strand ohne Fußspuren oder Villen am Strand vom Allerfeinsten? Oder soll es doch lieber eine elegante Oase der Ruhe sein, vielleicht ein durchgestylter Traum auf Rädern?

1 Mandarin Oriental

Die Antwort auf die Frage, was Joseph Conrad, James Michener und Graham Greene, aber auch Zar Nicholas II., Richard von Weizsäcker und Michael Jackson gemeinsam haben, lautet, dass sie allesamt mal Gäste im »Oriental Bangkok« waren. Seit 1876 schon gilt dieses außergewöhnliche Hotel als exklusiver Rückzugsort in einer der aufregendsten Städte der Welt, und klassischerweise logiert hier die Welt in den Suiten des Author's Wing, die alle individuell gestaltet sind und den namhaften Persönlichkeiten, die sie einst beherbergt haben, durch den Namen, Einrichtung und Atmosphäre Tribut zollen.

Mandarin Oriental Bangkok, 48 Oriental Avenue, Tel. 026 599 000, www.mandarinoriental.com/en/bangkok

2 Eastern & Oriental Express

Der Eastern & Oriental Express ist eine Zeitmaschine zurück in die Pionierzeit des Tourismus, als das Reisen noch ein rein aristokratisches Vergnügen war. Entsprechend luxuriös sind seine Abteile eingerichtet und entsprechend großzügig deren Glasfronten, die den Blick freigeben auf die vorbeiziehenden Landschaften. Die sind schön, wo immer man hinblickt, und so fällt es leicht, den Weg von Bangkok nach Chiang Mai und zurück zum Ziel zu machen.

Eastern & Oriental Express, Reservierung in Deutschland unter Tel. 0800 000 2688, www.belmond.com/de/trains/asia/eastern-and-oriental-express

3 Khao Sok Tree House

Keine Lust auf normal? Dann nichts wie in die Bäume des Khao Sok Tree House Resort im gleichnamigen Nationalpark, wo hoch über dem Boden 19 Hideaways zum ausgefallenen Wohnen einladen. Kein Baumhaus gleicht dem anderen, alle sind designed by nature, bieten aber dennoch exotischen Komfort und jede Menge Ruhe und Besinnlichkeit – hier entspannen selbst die Angespanntesten.

Khao Sok Tree House, 233 Moo 6, Khaosok Phanom Surrathani 84250, Tel. 08 99 703 353, www.khaosoktreehouseresort.com

4 Paradise Koh Yao

Im Bett liegen und den Sonnenaufgang über den Felstürmen des Ko-Hong-Archipels genießen: Im Paradise Koh Yao Resort erwarten den Gast unvergessliche Urlaubsmomente in einer ebenso spektakulären wie magischen Robinson-Crusoe-Szenerie. Elegante Bungalows und Villen sind stilvoll und harmonisch an ihre tropische Umgebung angepasst, das Freizeitangebot ist so umfassend wie der Service erstklassig.

Paradise Koh Yao Resort, 24 Moo 4, Ko Yao Noi, Phang Nga 82, Tel. 076 584 450, www.paradise-kohyao.com

5 Siboya Bungalows

Will man einfach mal die Seele baumeln lassen, gibt es kaum ein Pendant zu Ko Siboya, eben weil diese Insel dank ihrer nicht ganz so herrlichen Strände im Abseits der Vermarktung liegt. Nur Fuß- und Mopedwege ziehen sich durchs Kautschukgrün von Dorf zu Dorf und zu den Siboya Bungalows, wo man romantisch und »für 'n Appel und 'n Ei« in luftigen Rattanbungalows wohnt oder recht komfortabel in Häusern mit ungestörter Privatsphäre, die einzeln am Strand, am Hang und im Wald stehen. Doch Vorsicht – Urlaubsfalle: Es fällt einem gar nicht so leicht, wieder zu gehen.

Siboya Bungalows, Ko Siboya, Nua Klong Krabi 81130, Tel. 08 19 793 344, http://siboyabungalows.com

6 Koh Jum Beach Villas

Es gibt Orte auf dieser Welt, die an Anmut und natürlicher Schönheit nicht zu übertreffen sind. Ko Jum gehört dazu, und wer sich mal etwas ganz Besonderes gönnen will, der kann in diesem Vier Sterne Eco Chic Beach Villa Hideout, wie's der Prospekt sagt, seinen Traum finden. Er erstreckt sich auf rund 500 m Länge entlang des Strandes und beeindruckt mit 23 Villen vom Allerfeinsten sowie einem Wellnessangebot der Spitzenklasse.

Koh Jum Beach Villas, Andaman Beach, Tel. 08 61 840 505, https://kohjumbeachvillas.com

7 Tamarind Village

Im Zentrum der malerischen Altstadt zwischen Tempeln gelegen und vom Verkehrslärm geschützt, ist diese u-förmig um einen 200 Jahre alten Tamarind-Baum errichtete Anlage eine elegante Oase der Ruhe. Durch die weiß getünchten Korridore, die auch den Pool umschließen, ergibt sich ein fast klösterliches Flair, während man in den 41 Zimmern und fünf Suiten von Teakholzeleganz und ausgesuchten Antiquitäten geblendet wird. Eine umfassende Spa-Abteilung, eine Edelboutique und ein Spitzenrestaurant mit klassischer Thai-Küche stehen darüber hinaus zur Verfügung.

Tamarind Village, 50/1 Thanon Rajdamnoen, Chiang Mai 50200, Tel. 053 418 896, www.tamarindvillage.com

Bangkok

ZWISCHEN ALT UND NEU

Thailands Kapitale präsentiert sich als Megametropole. Auch wenn sich ihr Charme vielleicht nicht auf Anhieb erschließt, so ist sie dennoch ein Hort des Alten und Schönen. Hier öffnet sich ein farbiger Markt, dort eine Bilderbuchgasse, und hin und wieder stößt man noch auf Wasserstraßen aus jener Zeit, als Bangkok den Beinamen »Venedig des Ostens« trug.

Bangkoks Wahrzeichen: »Tempel der Morgenröte« – hier allerdings im Abendlicht.

Im alten Königspalast: Der vergoldete Chedi Phra Sri Rattana soll ein Bruchstück vom Brustbein des Buddha enthalten.

Neben vielerlei Prunkstücken zeigt das Nationalmuseum königliche Begräbniswagen – hier ein Detail (oben). Bangkoks unaufhörlich tosender Straßenverkehr brandet auch an die Mauer des alten Königspalastes (rechts).

Manche Städte sind einfach kennenzulernen, andere machen es Besuchern nicht leicht, und zumindest auf den ersten der 30 Taxi-Kilometer vom Suvarnabhumi International Airport ins Zentrum wird man Bangkok unbedingt in die zweite Kategorie einordnen wollen. Vielspurig durchpflügt der Highway eine chaotisch anmutende Stadtlandschaft, in der sich willkürlich mit schimmernden Glastürmen durchsetzte Wohn- und Industrieviertel mischen. Der Gedanke an Exotik taucht hier nur als Entbehrung auf, und auch in den vom Verkehr verstopften Straßen, in die die Stadtautobahn schließlich zentrumsnah ausfranst, fühlt man sich von den prächtigen Hochglanzbroschüren des Fremdenverkehrsamtes hintergangen. Doch dieser erste Eindruck gibt nur die Boomtown-Seite dieser seit dem Jahr 1980 völlig unkontrolliert wachsenden Stadt wider, in der jeder vierte Thailänder lebt und in der über die Hälfte des Bruttoinlandproduktes Thailands erwirtschaftet wird.

DIE STADT DER ENGEL

Ihre andere Seite ist gegensätzlich und in Vollendung an jener Stelle zu genießen, an der sich König Rama I. daran machte, in einer Flussschleife einen Palast bauen zu lassen und das unbedeutende Ban Makok – »Dorf im Pflaumenhain« – zur Hauptstadt zu erheben. Die Thailänder nennen ihre Metropole allerdings Krung Thep, was lediglich eine Kurzform für den mit 168 Buchstaben längsten Ortsnamen der Welt ist, der soviel bedeutet wie »Stadt der Engel, große Stadt und Residenz des heiligen Juwels Indras, uneinnehmbare Stadt des Gottes, große Hauptstadt der Welt, geschmückt mit neun wertvollen Edelsteinen, reich an gewaltigen königlichen Palästen, die dem himmlischen Heim des wiedergeborenen Gottes gleichen, Stadt, die von Indra geschenkt und von Vishnukarm gebaut wurde«.

So exotisch, wie dieser Name klingt, präsentiert sich auch heute noch die

Bangkok strebt in luftige Höhen: Wolkenkratzer säumen die Thanon Sathorn (oder Sathorn Road).

Höher lässt sich in Bangkok kein Drink nehmen: »Moon Bar« auf dem Banyan Tree Tower.

Die köstlichen Cocktails in der »Moon Bar« können sich allerdings nur wenige Thailänder leisten.

Keimzelle der Stadt vom großen Rasen-Oval des Sanam-Luang-Platzes aus, Zentrum des historischen Kerns: Der Blick umfasst die zinnenbewehrten weißen Mauern des Royal Grand Palace vor der Kulisse goldfarbener, grüner und roter Staffeldächer zwischen prunkvollen Giebelfeldern und nach Hunderten zu zählenden Pagoden und filigranen Turmnadeln des Wat Phra Kaeo. Das Panorama auf den Königspalast und den das religiöse Herz des Landes bildenden Tempel verschmilzt zu einem einzigen Kunstwerk, und tritt man ein in diesen mehr als einen Quadratkilometer großen Komplex, fühlt man sich in die Zeiten des alten Siam zurückversetzt.

AM MENAM CHAO PHRAYA

Westwärts dieser Keimzelle liegt die träge dem Meer entgegen strömende Lebensader Menam Chao Phraya. Auf Flussbootstouren kann man ihm stromaufwärts bis nahe an das rund 75 Kilometer entfernte Ayutthaya folgen, die ehemalige, 1767 von den Burmesen zerstörte Königsstadt. Einem Unterbefehlshaber der thailändischen Armee gelang es, der Vernichtung zu entgehen, und dieser General Thaksin ließ sich 1768 in Thonburi zum neuen König ausrufen. 1971 mit Bangkok zu Greater Bangkok zusammengefasst, breitet sich diese Stadt am westlichen Ufer des Menam Chao Phraya aus. Bereits 1782 setzte General Phraya Chakri Taksin ab und bestieg als Rama I. den Thron, den er aus strategischen Gründen in das gegenüber liegende Bangkok verlegte. Touristische Attraktionen Thonburis sind die Kanäle, die Klongs, auf denen seit Stadtgründung der Personen- und Warenverkehr abgewickelt wird. Denn Straßen gab es kaum in diesem ehemals geradezu »amphibischen« Teil des Königreiches. Doch während die Klongs Bangkoks seit den 1950er-Jahren weitgehend zugeschüttet und durch Straßen ersetzt wurden, erfüllen sie in der Schwesterstadt noch dieselben Aufgaben wie zu jener Zeit, als Bangkok als »Venedig des Ostens« berühmt war.

Drangvolle Enge herrscht nicht nur in Chinatowns Sampeng Lane, auch auf Zweirädern ist Platz Mangelware (oben links und unten links). Deshalb wich der Skytrain hoch über die großen Verkehrsachsen aus. Raum für die vertriebenen Geister, mit denen man sich doch besser gut stellt, bleibt allerdings immer – nach dem Bau des Erawan-Schreins nahm die Unfallhäufigkeit in der Umgebung merklich ab (oben rechts).

Hier wird Chinesisch gesprochen und geschrieben:
Thanon Yaowarat in Chinatown.

Special

Verhalten

Im Land des Lächelns

Das Lächeln hat eine wichtige soziale Funktion. Es dient als Schutzwall vor Konflikten, kaschiert Gefühlsregungen, hilft Unsicherheit oder Verlegenheit zu überspielen.

Es bietet Hilfe im Zusammenleben, aber keine Problemlösungen, und so ist es fraglich, ob die Thais tatsächlich glücklicher sind als andere Menschen, wie es ein Klischee behauptet. Für jeden Besucher offenbar ist jedoch die Lebensfreude, die Thais ausstrahlen. Sie wurzelt im »Mai Pen Rai«, was mehr bedeutet als »macht nichts«, vielmehr, sich gegen das, was nicht zu ändern ist, auch nicht zu sperren. Der Buddhismus gibt Hilfestellung für dieses wirklich Gelassenbleiben. Und da man dem Schicksal und seinem Leid ohnehin nicht entgehen kann, sind die Thais bemüht, sich das Leben so »Sabai«, »angenehm« oder »behaglich«, wie möglich zu gestalten. Damit kommt »Sanuk« ins Spiel, was mit »Spaß« nur unzureichend übersetzt ist, da es schlicht Ausdruck reinster Lebensfreude ist. Es ist das Wichtigste überhaupt – alles, was einem widerfährt, wird in »Sanuk« oder »Mai Sanuk«, eben »nicht Sanuk«, eingeteilt. Essen zu gehen, gar mit Freunden, ist ebenso »Sanuk« wie Freunde zu treffen, Schwätzchen zu halten und zu feiern, weshalb man auch keinem Fest aus dem Weg geht.

Arbeit hingegen, gar eine langweilige, ist definitiv »Mai Sanuk«, und wenn ein Thai davon spricht, dass er »Lambahk« hatte, »Ärger«, dann muss schon etwas sehr Schlimmes vorgefallen sein.

CHINATOWN UND LITTLE INDIA

Doch auch eine Fahrt von den palastnah gelegenen Boots-Anlegestellen Chan Pier und Thien Pier mit dem Expressboot flussabwärts ist beeindruckend, und vorbei an schweren Lastkähnen und dem bald am jenseitigen Ufer aufragenden Turmbau des Wat Arun, Tempel der Morgenröte und Bangkoks Wahrzeichen, geht es zum Ratchawong Pier. Dieser Anleger entpuppt sich als Zeitmaschine, denn er entführt nach Chinatown – ein faszinierendes Chaos aus ungezählten Geschäften und Geschäftchen, Handwerkerläden, Obst- und Gemüsemärkten, Essensständen unter chinesischen Schriftzeichen und bunten Papierlaternen, durcheilt vom unablässigen Strom geschäftiger Passanten.

Chinesen und Thais leben seit Jahrhunderten zusammen, und bis in die Neuzeit förderten die Könige die Einwanderung von Chinesen wegen deren unternehmerischen Talents. Heute kontrollieren sie gut und gern drei Viertel der thailändischen Wirtschaft – Probleme gab es aber nie, denn die Chinesen übernahmen zum Großteil Lebensweise und Religion der Gastgeber und sogar deren Namen.

Während Chinesen heute in jeder größeren Stadt Thailands zu finden sind, leben Inder vorwiegend in Bangkok. Auf

Die im Jahr 1770 errichtete Kirche Santa Cruz auf dem Chinatown gegenüber iegenden Flussufer erinnert daran, dass Portugiesen als erste Europäer hailändischen Boden betraten. In einträchtiger Nachbarschaft erhebt sich Wat Kalayanamit, vor bald 200 Jahren von Rama III. errichtet.

Immer gut besucht: Der Schwimmende Markt von Damnoen Saduak lässt einen Ausflug lang das amphibische Bangkok von einst auferstehen.

Auf dem Schwimmenden Markt von Damnoen Saduak werden kulinarische Köstlichkeiten der tropischen Breiten angeboten.

rund 100–150 000 geschätzt, liegt ihre Enklave mitten im chinesischen Viertel, wo sie vor allem mit Textilien handeln. Zentrum ist der labyrinthartige Pahurat-Markt, wo Berge an Samt- und Seiden-, Baumwoll- und Crêpe-Stoffen ausliegen und von emsigen Schneidern zu Saris und Wickelröcken, Blusen und Anzügen verarbeitet werden. Der Duft edler Stoffe mischt sich mit dem von Kräutermischungen und Räucherstäbchen, Curries und gewürzten Tees, und überragt wird das exotische Ensemble von der goldenen Kuppel des Siri Guru Singh Sabha, des größten Sikh-Tempels außerhalb Indiens, ein prachtvoll mit Marmor verkleidetes Heiligtum.

INSZENIERTE UTOPIE

Auch die weitere Flussbootfahrt stromabwärts bringt krasse Szenenwechsel. Nur einen Katzensprung entfernt, stürmen die schimmernden Glastürme von Thailands luxuriösesten und teuersten Hotels den Stadthimmel. Einige gehören zu den besten der Welt, allen voran das legendäre »Oriental«, in dessem historischen Flügel man sich noch eine Vorstellung von der »guten alten Zeit« machen kann, als Joseph Conrad und Somerset Maugham hier logierten. Die Authors' Lounge ist eine Sehenswürdigkeit für sich: Wer ein üppig bemessenes Reisebudget hat, der sollte in der marmorverbrämten Halle seinen Afternoon Tea einnehmen oder zum Sonnenuntergang im Pavillon-Restaurant am Fluss dinieren. Dann fährt man am besten bis zur nächsten Anlegestelle, dem Tha Sathon Pier und nimmt von dort den Skytrain, der auf seiner Strecke zum Siam Square das moderne Bangkok erschließt. Hier wird längst alles Alte und Schmuddelige durch Architektur überdeckt, durch Konsumtaumel verdrängt, wird immenser Reichtum offen zur Schau gestellt. Insbesondere am Ziel der Fahrt, dem Siam Square, wo einige der elegantesten Konsumpaläste ganz Asiens einladen, glaubt man sich angesichts der Labeljäger und Preise in einem Wirtschaftswunderland.

Bhumibol Adulyadej

EIN LEBEN FÜR THAILAND

Von der Sukhothai-Ära bis heute haben in Thailand acht Dynastien und Dutzende Könige geherrscht, aber noch nie hat es hier einen König gegeben, dem solche Achtung, Zuneigung und Ehrerbietung, ja Liebe entgegengebracht wurde wie König Bhumibol Adulyadej, der am 13. Oktober 2016 im Alter von 88 Jahren als dienstältester Monarch der Welt verstarb.

Der Name des 1927 in Cambridge, Massachusetts, geborenen Regenten – sein Vater promovierte damals in Harvard Medizin – bedeutet sinngemäß »Stärke des Landes«, und er könnte nicht treffender gewählt sein, denn obwohl Thailand seit dem Jahr 1932, als die absolute Monarchie abgeschafft wurde, nur noch eine konstitutionelle Monarchie ist, vermittelte König Bhumibol Adulyadej seit seiner Inthronisierung am 5. Mai 1950 im Großen Palast in Bangkok unermüdlich zwischen diktatorischen und demokratischen Kräften. So auch im Jahr 1992, als das Militär in der Hauptstadt des Landes schießend auf Demonstranten gegen die damalige Regierung vorging. Der König intervenierte, ließ die Tore zu seinem Palast öffnen und bot den Demonstranten Schutz. Anschließend lud er die konträren Parteien zu einer Audienz, in deren Verlauf die Militärs zusichern mussten, auf Gewalt zu verzichten und die Probleme auf demokratischem Wege zu lösen.

Der amtierende König Maha Vajiralongkorn und seine Gattin Suthida bei einer königlichen Zeremonie

GELB FÜR DEN KÖNIG

Es ist nicht übertrieben, wenn die Thailänder sagen, dass sie ihm allein den wirtschaftlichen Aufschwung und die relativ demokratischen Verhältnisse verdanken, und wer immer ein gelbes Armband oder gelbes Hemd trägt, zeigt auf diese Weise seine Verbundenheit mit dem Königshaus. Denn Gelb ist die Farbe der Königstreuen, und nicht umsonst trugen die Parteigänger der in den Jahren 2008 bis 2011 regierenden Partei der Neuen Politik (PNP), wie sich die Demokratische Volksallianz (PAD) seit dem Sommer 2010 nannte, gelbe Hemden und Stirnbänder, um sich von den »Rothemden« der Thaksin-Anhänger abzusetzen, die in den Jahren 2006 bis 2010 immer wieder einmal für Unruhe im Lande sorgten. 2006 nämlich stürzte das thailändische Militär mit Unterstützung der PAD und in Einvernehmen mit dem König den mit Korruptionsvorwürfen belasteten damaligen Regierungschef Thaksin Shinawatra. Der König selbst hatte nie einen Hehl daraus gemacht, was er von dem 2008 des Amtsmissbrauchs überführten und seitdem im Exil lebenden Thaksin hielt. Er forderte die Bevölkerung auf, Ruhe zu bewahren

Der verstorbene König Bhumibol Adulyadej und Königin Sirikit sind auch heute noch überall in Thailands Straßenbild präsent – ohne auf diesen Bildern jemals zu altern ... (links). Wachwechsel vor dem königlichen Royal Grand Palace (oben).

DIE VERSÖHNUNG DER GESELLSCHAFT BLEIBT DAS WICHTIGSTE INNENPOLITISCHE THEMA THAILANDS.

und den Anordnungen der neuen Machthaber zu folgen, bis ein neuer Premierminister durch seine Majestät selbst im Amt bestätigt werde.

GARANT DES FRIEDENS

Dies geschah ein wenig später, und so war es dem Regenten wieder einmal gelungen, potentielles Blutvergießen zu vermeiden, die bedrohte Demokratie zu retten. Im auch weiterhin schwelenden Konflikt zwischen »Gelb-« und »Rothemden« hatte der König zwar nicht direkt erkennen lassen, auf wessen Seite er stand, doch hatte die von Dezember 2008 bis Juli 2011

Oben: Bei einer Großdemonstration gegen die Regierung am 7. August 2013 postierten sich tausende Polizisten rings um den Regierungssitz in Bangkok. Nach weiteren Demos und gewalttätigen Zwischenfällen rief die Militärregierung im Mai 2014 das Kriegsrecht aus. Zwar wurde es bereits zehn Monate später wieder aufgehoben, doch gelten weiterhin Einschränkungen der Pressefreiheit wie auch der Meinungsfreiheit.

regierende PAD (bzw. ihre Nachfolgepartei PNP) eine bedeutende Unterstützerin im Königshaus. Königin Sirikit, so heißt es, war dieser demokratischen Partei sehr zugetan, die sich in Bangkok sowie im Süden des Landes auf die Mehrheit der Wählerstimmen stützen konnte, während die Anhänger Thaksins im Norden und Nordosten dominierten. Sie waren in der politischen Gruppierung United Front for Democracy against Dictatorship (UDD) organisiert, die der von Juli 2011 bis Mai 2014 regierenden Pheu-Thai-Partei nahestand. Premierministerin war Yingluck Shinawatra, eine Schwester des früheren Premierministers Thaksin Shinawatra. Und schien zu Beginn der Legislaturperiode die politische Lage in Thailand einigermaßen stabilisiert, so kam es ab November 2013 in Bangkok erneut zu heftigen Demonstrationen seitens der königstreuen Regierungsgegner, die die Pheu-Thai-Partei zu Recht der Korruption, Vetternwirtschaft sowie vor allem des Stimmenkaufs bezichtigten. In den Folgemonaten eskalierte der Machtkampf. Um weitere Gewalt zu verhindern, übernahm im Mai 2014 das Militär die Macht, was von König Bhumipol nachträglich gebilligt wurde, indem er Armeechef Prayut Chan-o-Cha zum Regierungschef ernannte, der 2016 seine unantastbare Position durch ein Verfassungsreferendum festigte und bis zu den Wahlen von Mai 2023 im Amt blieb.

Fakten

Seit dem Übergang von der Militär- zu einer Zivilregierung 2023 hat sich die Sicherheitslage in Thailand zwar stabilisiert und verläuft das öffentliche Leben normal, doch ist die Meinungsfreiheit weiterhin eingeschränkt. Majestätsbeleidigung (bis zu 15 Jahre Haft!) sowie Kritik an der Regierung und den Gegebenheiten des Landes auch gegenüber Ausländern kann strafrechtlich verfolgt werden. Insbesondere in elektronischen Medien sollte man jedwede Kritik vermeiden, wird die Online-Kommunikation doch fast uneingeschränkt überwacht! Generell wird empfohlen, politische Aktionen und Menschenansammlungen zu meiden; zudem sollte man sich regelmäßig auf der Website des Auswärtigen Amtes (www.auswaertiges-amt.de) über die aktuellen Entwicklungen informieren.

DIE SEELE DER NATION

Doch vieles andere noch haben die Thailänder ihrem König zu verdanken, der mehr Zeit seines Lebens reisend im Lande unterwegs war als in seinem Palast, der über 1500 Entwicklungsprojekte in Sachen Landwirtschaft, Bewässerung und Gesundheitswesen ins Leben rief und zum Teil auch selbst finanzierte – dank eines Milliardenvermögens reichster Monarch der Welt. Und nicht nur für die Buddhisten, deren religiöses Oberhaupt er ist, sondern auch für die Muslime, für die er eine Koranübersetzung ins Thai anfertigen ließ. Er war stark im Umweltschutz engagiert, in der Wiederaufforstung der Wälder, hat als einziger aller bisherigen Könige Thailands alle 76 Provinzen des Landes besucht und sich dort stets den Menschen, ihren Sorgen und Nöten verbunden gezeigt. Dies gerade auch in den armen Regionen, wo auf seine Initiative hin die Infrastruktur ausgebaut und unter anderem Hunderte Schulen errichtet wurden. Seinem Einsatz ist es zu verdanken, dass in Thailand ein ebenso hoher Anteil des Staatshaushaltes wie in Deutschland in die Bildung investiert wird und die Analphabetenrate auf dem Niveau der Europäischen Union liegt. Kein Wunder, dass der Monarch von seinen Untertanen nicht nur wie ein Gott verehrt, sondern auch innig geliebt wurde. Ob das dereinst auch auf seinen Sohn Maha Vajiralongkorn Bodindradebayavarangkun zutreffen wird, dessen offizielle Krönungszeremonie als Rama X. im Mai 2019 stattfand, bleibt allerdings abzuwarten. Der heute 72-Jährige, der laut Medienberichten als Kronprinz ein Leben voller Skandale geführt haben soll, ist umstritten und wird zumindest im Stillen auch kritisch betrachtet. Neben der Krone hat er übrigens auch das königliche Vermögen in Höhe von 35 Mrd. Dollar geerbt, steht im Rang eines Admirals und Generalobersten, ist ausgebildeter Pilot und verbringt viel Zeit in Bayern, wo er eine Traumvilla am Starnberger See hat und wo sein jüngster Sohn zur Schule geht.

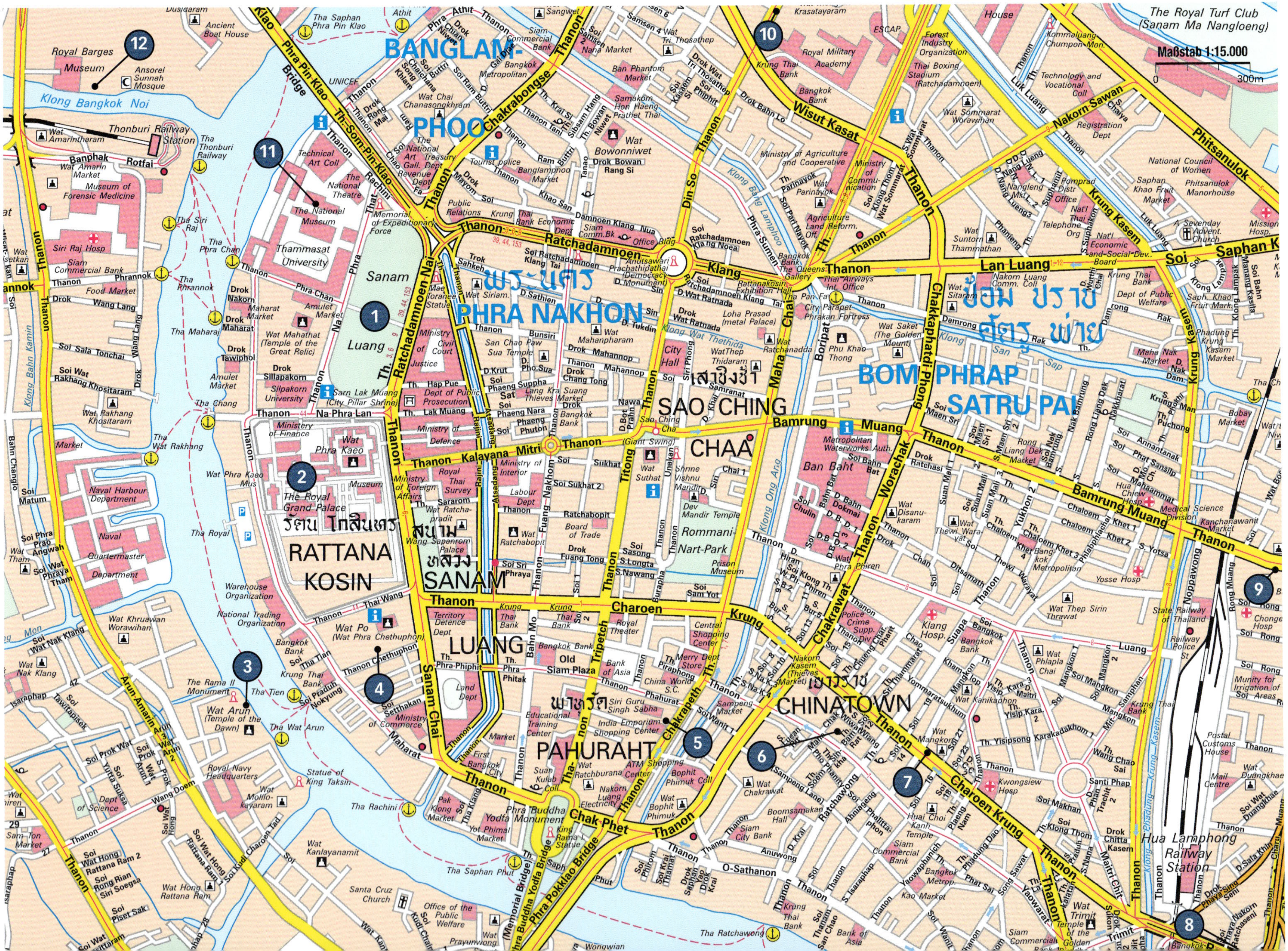
The Royal Turf Club (Sanam Ma Nangloeng)
Maßstab 1:15.000
0
300m
BANGLAM-PHOO
PHRA NAKHON
พระนคร
BOM PHRAP SATRU PAI
ป้อม ปราบ ศัตรู พ่าย
SAO CHING CHAA
เสาชิงช้า
RATTANA KOSIN
รัตน โกสินทร์
SANAM LUANG
สนาม หลวง
CHINATOWN
เยาวราช
PAHURAHT
พาหุรัด
Royal Barges Museum
Klong Bangkok Noi
Thonburi Railway Station
Siri Raj Hosp
Thammasat University
The National Museum
The National Theatre
The Royal Grand Palace
Wat Phra Kaeo
Wat Po (Wat Phra Chethuphon)
Wat Arun (Temple of the Dawn)
Wat Mahathat (Temple of the Great Relic)
Ministry of Defence
Ratchadamnoen Klang
Democracy Monument
Thanon Ratchadamnoen Nai
Thanon Charoen Krung
Thanon Yaowarat
Chakkaphatdi Phong
Bamrung Muang
Lan Luang
Krung Kasem
Phitsanulok
Nakorn Sawan
Wisut Kasat
Chakrabongse
Phra Pin Klao Bridge
Phra Pokklao Bridge
Phra Buddha Yodfa Bridge
Memorial Bridge
Hua Lamphong Railway Station
Royal Military Academy
Golden Mount
Wat Saket
Wat Suthat
Giant Swing
City Hall
Loha Prasad (metal Palace)
Wat Ratnada
Wat Bowonniwet
Wat Benchamabophit
Wat Traimit (Temple of the Golden Buddha)
Santa Cruz Church
Bank of Asia
Old Siam Plaza
Memorial of Expeditionary Force
Ancient Boat House
Ansorel Sunnah Mosque
Museum of Forensic Medicine
Naval Harbour Department
Royal Navy Headquarters
Klong Banglamphoo
Klong Ong Ang
Klong Phadung Krung Kasem
1
2
3
4
5
6
7
8
9
10
11
12

FACETTENREICHE METROPOLE

Bangkok ist dem Land voraus, präsentiert eine Zukunftsvision des Thailand von morgen, ist aber dennoch der starke Stützpfeiler und die Säule, das Leben und Herz des Königreiches und schon wegen seiner exotischen Bausubstanz eine Reise wert.

Allgemein

Khrung Thep, die Stadt der Engel, wie die Thailänder abgekürzt ihre Metropole nennen, lockt mit hochrangigen Sehenswürdigkeiten, einer schillernden Shoppingwelt, edlen Hotels und einem pulsierenden Nachtleben Besucher aus aller Welt und gilt als eine der faszinierendsten Städte von Asien schlechthin.
1782 verlegte König Rama I. seine Residenz in das Dorf Bangkok. Nach den Ereignissen von Ayutthaya waren es hauptsächlich strategische Gesichtspunkte, die ihn dazu veranlassten, denn die Lage seines neuen Palastes machte ihn gleichzeitig zur Festung. Damit war die Grundlage für die Entwicklung der Stadt gegeben, die nach dem Vorbild der alten Königsstadt Ayutthaya rings um den Palastkomplex entstand und noch nach dem Zweiten Weltkrieg mehr Wasserwege besaß als Straßen. Gegen Mitte der 1970er-Jahre setzte eine massive Zuwanderung insbesondere aus dem von Armut bedrohten Nordosten ein, und nicht zuletzt dank dieses enormen Potentials an billigen Arbeitskräften kam es zu einem Wirtschaftswunder, und das Land stieg zu einer regionalen Wirtschaftsgroßmacht auf. In der Folge wuchs die Stadt in die Breite und bald auch in die Höhe. Heute zählt ihr Stadtgebiet anstatt 13 km² wie 1950 über 2000 km², Heimat von über 16 Mio. Menschen.

INFORMATION
TAT Head Office, 1600 Thanon Phetchaburi, Makkasan, Tel. 022 505 500, https://touristbangkok.com, Mo.–Fr. 8.00–17.00 Uhr; außerdem im Suvarnabhumi Airport, Arrivals Hall, Tel. 021 340 040. Kostenloser Tourist Call Service Tel. 16 72 tgl. 8.00–20.00 Uhr

Himmelstrebendes Bangkok (oben links). Türme des Chedi, Wat Po (oben rechts). Dämonen am Wat Phra Kaeo im Palastviertel (unten rechts).

Sehenswert

Bangkok besitzt über 400 Tempel, mehr als zwei Dutzend gelten bei Kulturreisenden als Pflicht. Für die nachfolgenden absoluten Höhepunkte sollten wenigstens ein, zwei Tage zur Verfügung stehen. Sie liegen alle im historischen Zentrum im Umfeld des Platzes ❶ **Sanam Luang**. Zu beachten ist, dass in allen Tempeln und im Königspalast respektvolle, angemessene Bekleidung erwartet wird. Südöstl. des Platzes befindet sich ein kleines tempelartiges Bauwerk, das den offiziellen Mittelpunkt Bangkoks beherbergt: den phallusförmigen **Lak Muang**, den von König Rama I. niedergelegten Grundstein der Stadt, der sie vor Unheil bewahren soll. Auch der Schutzgeist von Bangkok wohnt hier; Tag und Nacht strömen Gläubige, um Hilfe zu erbitten und Opfergaben darzubringen. Wer erhört wird, bedankt sich mit bunten Tüchern oder engagiert eine Tanzgruppe, die im Tempelhof klassische Tänze aufführt. Angrenzend die Sehenswürdigkeit von Bangkok, der Komplex des seit Rama I. immer wieder erweiterten ❷ **Wat Phra Kaeo TOPZIEL** und des seit 1946 nicht mehr als Residenz dienenden ❷ **Royal Grand Palace TOPZIEL** (Urspr. 1782), weltberühmtes Glanzstück thailändischer Architektur, Schatzkammer thailändischer Künste und Heimstätte des Smaragd-Buddhas, dem am meisten verehrten Buddha-Bildnis des Königreiches (www.royalgrandpalace.th/en und www.emerald-buddha.com; tgl. 8.30–15.30 Uhr, ausgenommen Tage, an denen königliche Zeremonien stattfinden). Weiter südl. ziehen die 95 Ziertürme des ❹ **Wat Po** den Blick auf sich, größter und auch ältester Tempelbezirk der Stadt (Urspr. 1789), »Ruhestatt« auch des größten Liegenden Buddhas des Königreiches (http://watpho.com; tgl. 8.30–18.30 Uhr). Schräg gegenüber erhebt sich am anderen Ufer (von mehreren Piers verkehren ständig Boote) der ❸ **Wat Arun**, der »Tempel der Morgenröte«, dessen 74 m hoher zentraler Turmbau (um 1850) mit zigtausend farbig lackierten chinesischen Porzellanstücken dekoriert ist. Auf einer Außentreppe kann man auf 20-m-Panoramahöhe empor steigen (www.wat-arun.com, tgl. 8.00 bis 18.00 Uhr).
Weiter geht es entlang dem Fluss bis zum Ratchawong-Pier, von wo es nur ein kurzes Wegstück bis zur Sampeng und der Itsaranuphap Lane ist, dem Herzen von ❻ **Chinatown TOPZIEL**, sowie zum etwas weiter östl. an der Charoen Krung gelegenen ❼ **Wat Leng Noi Yee** (auch Wat Mangkon, 1871), bedeutendster chinesischer Tempel in Thailand und schon wegen seines Schmuckdekors besuchenswert (tgl. 8.00–18.00 Uhr). Über die Thanon Chakrawat mit ihren Devotionalien-Läden geht es zum Pahuraht Market (tgl. ca. 10.00–18.00 Uhr) mit dem benachbarten Sikh-Tempel ❺ **Gurdwara Siri Guru Singh Sabha** (1933).

Museen

Dutzende laden ein, drei sind ein »Muss« – allen voran das ⓫ **Nationalmuseum TOPZIEL** im einstigen Palast des Vizekönigs von

Thailand (18. Jh.). Hier wird u. a. die größte und bedeutendste Kunstsammlung ganz Asiens gezeigt, auch die Krönungsinsignien sind ausgestellt (www.mynmv.com/deutsch; Mi.–So. 8.30–16.00, Führungen auf Deutsch Mi., Do. und Sa. mehrmals tgl.).
Schräg gegenüber und per Boot erreichbar, beherbergt das 12 **Königliche Barkenmuseum** mehr als 50 prunkvolle Zeremonienboote, darunter die aus einem Teakstamm gefertigte, 46 m lange Königsbarke (tgl. 9.00 bis 17.00 Uhr). Nahe Chitralada Palace, der Königsresidenz, steht das von König Rama V. im Jahr 1901 als Palast errichtete, original ausgestattete 10 **Vimanmek Palastmuseum**, größtes Teakholzgebäude der Welt (https://touristbangkok.com/royal-palaces-bangkok; zur Zeit und bis auf Weiteres wegen Renovierung geschl.).

Veranstaltungen

Alle landesweit gefeierten Feste werden auch in Bangkok begangen, zumeist viel prunkvoller. Zum Vollmond zwischen 21. Jan. und 19. Febr. bietet das **Chinese New Year** eine der farbenprächtigsten Festivitäten im Lande. Festmeile ist die mehrere Kilometer lange und mit Millionen von roten Lampions geschmückte Thanon Yaowarat, die dann für den Verkehr komplett gesperrt ist. Die stimmungsvollen Lichterprozessionen in allen Tempeln der Stadt erinnern zu **Makha Bucha** an Buddhas erste Predigt vor Jüngern am Vollmondabend im Febr./März. Ausgelassen und pitschnass geht es an

Tipp

Alles auf dem Wasser

Der mit Abstand beliebteste Tagesausflug in die Umgebung von Bangkok führt zu den schwimmenden Märkten von Damnoen Saduak, etwa 100 km westl. bei Samut Songkhram gelegen. Allmorgendlich ab etwa 7.00 Uhr bieten auf den verzweigten Kanälen des Provinzortes Hunderte Marktfrauen in kleinen Holzbooten ihre Waren an, und für Besucher wurden Brücken und Fußwege angelegt, um das malerische Geschehen optimal betrachten und ablichten zu können.

www.floating-market-bangkok.com
Informationen über organisierte Touren liegen in Reisebüros und Unterkünften aus (Abfahrt ca. 6.00 Uhr). Wer den Markt individuell erleben will, nimmt ab dem Bangkok Southern Busterminal den Bus nach Klong Damoen Saduak (ab 5.30 Uhr im 20-Minutentakt; ca. 2 Std.) und ab dort ein Charterboot.

Jim Thompson House, Museum und Geschäft zugleich (oben links). Thanon Khaosan, eine der touristischen Bummelmeilen (oben rechts). Nördlich des Grand Palace ist das Nationalmuseum zu finden (unten rechts).

Songkran (13. bis 15. April) zu, wenn die Thais das traditionelle buddhistische Neujahr feiern: Wurden früher nur auf dem Land Buddha-Statuen mit Wasser besprengt, um symbolisch die Sünden des alten Jahres abzuwaschen, liefert man sich heute wahre Wasserschlachten. In der Vollmondnacht im Mai wird **Visakha Bucha** in Erinnerung an Buddhas Geburt, Erleuchtung und Eingehen ins Nirvana mit Tempel-Lichterprozessionen begangen. Mitte Mai gibt der König Millionen von Bauern auf dem Sanam Luang-Platz mit der **Royal Ploughing Ceremony** das Startzeichen für die Aussaat; farbenprächtige Prozessionen gehören dazu.

Erleben

ALLGEMEIN

Nicht alltäglich ist eine **Flussbootfahrt** auf einer der 50 Jahre alten restaurierten Luxus-Reisbarken von Anantara Cruises (Tel. 024 760 022, www.manohracruises.com; 17.00, 19.00 und 20.30 Uhr Dining Cruise, auch tgl. Übernachtungstouren bis nach Bang Pa In).
Klassische **thailändische Maskentänze** gibt es Mo.–Fr. 5-mal tgl. im Chalermkrung Theatre (66 Thanon Charoen Krung, Tel. 022 258 757, www.salachalermkrung.com). Die **Calypso Kabarett-Shows** gelten als die besten und schrillsten der Stadt (2194 Asiatique The Riverfront, Thanon Charoenkrung 72-74, Tel. 08 63 491 937, https://calypsocabaret.com, tgl. 19.30 und 21.15 Uhr).

EINKAUFEN

Bangkok ist ein Shopping-Paradies, die exotischste Shoppingmeile ist die 6 **Sampeng Lane** in Chinatown. Für Textilien gibt es kein Pendant zum 5 **Pahurat Market** in Little India, für allerfeinste Seide geht man allerdings zu **Jim Thompson** (9 Surawong, Suriyawong Bangrak, Tel. 06 55 186 900, www.jimthompson.com; tgl. 9.00–20.00 Uhr).
Die Adresse schlechthin für imitierte Markentextilien, Gürtel, Schuhe, Uhren und Koffer, aber auch für maßgeschneiderte Kleidung in hochwertiger Qualität ist die kilometerlange 9 **Thanon Sukhumvit**, während die 9 **Thanon Rama I.** mit den elegantesten Konsumtempeln Asiens aufwartet; insbesondere das aufwendig gestaltete **Siam Paragon** an dieser Straße ist einen Edel-Shoppinggang wert. In Sachen Kitsch und Kunsthandwerk ist der 8 **Suan Lum Night Bazaar** an der Kreuzung Thanon Rama IV./Wireless/Sathorn mit über 3500 Ständen führend und doch nichts im Vergleich zum **Chatuchak Weekend Market**, der mit bis zu 15 000 Ständen schlicht alles bietet und in Asien kein Gegenstück kennt (Chatuchak, www.chatuchakmarket.org; Sa. und So. ca. 9.00–18.00 Uhr, am einfachsten mit dem Skytrain bis zur Endstation Mochit).

NACHTLEBEN

Auch das Nachtleben von Bangkok findet in ganz Asien kein Pendant; ausführlich informieren die **Nachtportale** https://bangkoknightlife.com und https://partybangkok.com/nightlife. Höhepunkt ist ein Besuch des **Vertigo**, dessen **Moon Bar** als eine der höchsten Freiluftbars Asiens spektakuläre Ausblicke bietet (Banyan Tree Hotel, 21/100 Thanon South Sathorn, Tel. 026 791 200, www.banyantree.com/thailand/bangkok; tgl. 17.00–1.00 Uhr).
Das **Saxophone** ist Thailands wohl berühmtester Jazz-Blues-Tempel (3/8 Victory Monument, Thanon Phayathai, Tel. 022 465 472, www.saxophonepub.com; tgl. ab 18.00 Uhr).
Durchwegs rockig hingegen gibt sich seit nunmehr schon 37 Jahren der **Rock Pub** mit Livemusik tgl. ab 21.30 Uhr (93/26 Hollywood Street Building, Thanon Phayathai, Tel. 09 91 915 666, www.facebook.com/therockpub, Di. bis So. ab 18 Uhr).
Was jung und wohlhabend ist, tanzt im gigagroßen Discotempel **Route66** Club (9/33 – 48 Royal City Avenue Building, Soi Soonvijai, Thanon Rama 9 Rd., Tel. 06 13 940 035, www.route66club.com, tgl. 20.00–3.00 Uhr).

Hotels und Restaurants

Aus Bangkoks ungezählten Hotels und Restaurants aller Preisklassen, Ausstattung und Qualität hier eine kleine Auswahl:

HOTELS

Wem das Beste gerade gut genug ist, der wählt das **€ € € € Peninsula Bangkok** direkt am Ufer des Menam Chao Phraya (333 Thanon Charoen Nakhon, Tel. 020 202 888, www.peninsula.com).
Klein, aber fein präsentiert sich das **€ € € Le Siam Hôtel** mit eleganten Zimmern (3 Thanon Convent, Tel. 022 335 345, www.lesiamhotel.com).
Das **€ € € / € € Get Sleep Bangkok Surawong** gehört zu den wohl letzten wirklich gemütlichen Kleinhotels dieser Riesenstadt mit seinen Wolkenkratzern (173/8–9 Suriwongse Road, Tel. 022 333 301, https://getsleepbangkok.com).
Die feine Boutique-Pension **€ € The Unforgotten** B &B (100 Soi Sukorn 2, Thanon Trimitr, Tel. 09 71 642 910, u.a. über www.booking.com) gilt als eine besten Adressen in Chinatown.
Mitten in der Szene der Khao San Road und doch ganz ruhig und mit persönlicher Note wohnt man in der liebevoll eingerichteten **€ € / € Villa Mungkala** (25 Trok Sin, Thanon Dinso, Tel. 08 63 847 867, auf Facebook), einem schicken Kolonialstilhaus, komplett renoviert.
Budgetbewusste junge Reisende mit Nightlife-Lust zieht es in die Gegend der Thanon Khaosan, wo sich entlang der Bummelmeile Dutzende einfache **€ € / € Gästehäuser** finden (Infos auf https://khao-san-road.org).

RESTAURANTS

Bangkok ist ein Schlemmerparadies – wo immer man auch geht und steht ist eine **Garküche** oder ein **Essensmarkt**, ein einfaches Lokal oder ein Restaurant unter Garantie nicht weit.
Königlich thailändische Küche im **€ € € € Baan Khanitha**, einem vielfach preisgekrönten Gourmettempel, ist Gaumenschmaus und Augenweide zugleich (69 South Sathorn, Tel. 026 754 200, www.baan-khanitha.com; tgl. 11.30–23.00 Uhr).
Geht es um Nouvelle Thai Cuisine gibt es im ganzen Land kein Pendant zu dem mit einem Michelin-Stern gekrönten **€ € € € Sra Bua by Kiin Kiin** (Siam Kempinski Hotel Bangkok, 991/9 Rama I Thanon Pathumwan, Tel. 021 629 090, www.srabuabykiinkiin.com, tgl. 12.00 bis 15.00 und 17.00–24.00 Uhr).
Der Name des im Dienst einer Familienplanungsorganisation stehenden Restaurants **€ € Cabbages & Condoms** ist so frivol wie die thailändischen Gerichte schmackhaft (10 Thanon Sukhumvit Soi 12, Tel. 022 294 610; http://cabbagesandcondomsbkk.com; tgl. 11.00–23.00 Uhr).
Die Uferlage des **Supatra Riverhouse** (266 Soi Wat Rakhang, Tel. 06 31 937 261, www.supatrariverhouserestaurant.com, tgl. 11.00–22.00 Uhr) gegenüber dem Royal Palace ist so edel wie die klassische thailändische Küche.

JA **NATÜR** LICH

»VENEDIG DES OSTENS«

Eine Klong-, also Kanaltour mit einem Longtailboot durch den Stadtteil Thonburi entführt in die Welt von Joseph Conrad, als Bangkok noch zu Recht als »Venedig des Ostens« gerühmt wurde. Mitten in der Millionenstadt geht es durch Palmenhaine und Bananen, wo badende Kinder und waschende Großmütter das Bild zwischen Pfahlbauten bestimmen.

Die vielen kontrastreichen Facetten sind es vor allem, die Besucher in Bangkok in ihren Bann ziehen, und was wäre gegensätzlicher, als innerhalb weniger Minuten mitten aus dem modernsten »Metropolis« heraus in die ländliche Idylle eines Kanallabyrinthes zu gelangen? Die Bootsstege am Menam Chao Phraya führen direkt dorthin, denn dort legen nicht nur die großen Flussboote an und ab, sondern auch die auffallend schmalen und langen, dabei kiellosen und flachen Rüa Hang Yao – übersetzt »Langschwanzboote« –, die ihren Namen der weit nach hinten herausragenden, beweglich gelagerten Antriebseinheit verdanken und wie geschaffen sind, die oft nur wenige Meter breiten Kanäle und Kanälchen des Stadtteils Thonburi auf festen Routen zu befahren.

Wer ein wenig abenteuerlich veranlagt ist, steigt einfach in eines der auf Passagiere wartenden Boote ein und fährt bis zur Endstation mit und sodann wieder zurück, was alles in allem etwa eine Stunde Zeit in Anspruch nimmt. Wer eine »Kreuzfahrt« anstrebt, kann auch chartern, und geht man lieber auf »Nummer touristensicher«, bietet sich eine organisierte Klongtour an.

Bootstouren werden von Unterkünften und Reisebüros vermittelt. Etwa 3-stündig, umfassen sie den Besuch diverser Sehenswürdigkeiten (ab ca. 60 €/Pers.). Etwa 35 €/Std. beträgt die Charter für ein ganzes Boot; da die Bootsführer kaum Englisch sprechen, sollte man sich in der Unterkunft die gewünschten Besuchs- und Zielorte in Thai aufschreiben lassen: u. a. die Befahrung des Klong Bangkok Yai (mit Klong Sanam chai) sowie Klong Bangkok Noi. Charterboote finden sich u. a. am Thien- (Wat Po) und am Chang-Pier (Wat Phra Kaeo); von beiden verkehren auch Linienboote – eine der längsten Strecken führt vom Chang-Pier hinauf nach Bang Yai (Mo.–Fr. 8.00 bis 16.00 Uhr, alle zwei Std.).

Zentralthailand

DIE WIEGE DES LANDES

Als Herzstück Thailands gilt die durch den Menam Chao Phraya, den größten Fluss des Landes, gebildete Zentralebene, die sich von der Bangkok-Bucht aus nach Norden erstreckt. Schon in frühester Zeit kultiviert, diente sie auch den Thais, die hier ihre ersten Reiche bildeten, als Reiskammer. Ruinen ehemaliger Königsstädte zeugen vom wechselvollen Schicksal der Wiege des Landes.

Wat Mahathat war Sukhothais zentraler Tempel und damit der wichtigste des Reiches.

Seit 1942 quert die »Todesbahn« in Kanchanaburi, bei deren Ausbau viele alliierte Kriegsgefangene und asiatische Zwangsarbeiter ihr Leben lassen mussten, den River Kwai. Hier haben auch die Bootsausflüge flussaufwärts ihren Ausgangspunkt, zu deren schönsten Zielen die Einkehr in einem der stimmungsvollen »Floating Restaurants« gehört.

Da sich die kulturhistorisch bedeutsamen Stätten der Zentralebene entlang der von Bangkok aus in Richtung Norden nach Chiang Mai führenden Hauptverkehrsroute reihen, kann man sie bequem auf der Fahrt nach Nordthailand »mitnehmen«. Die eindrucksvollen Landschaften der das Tiefland in Richtung Myanmar-Grenze umkränzenden Berge bleiben dann jedoch links liegen, und deshalb bietet es sich an, vor der Fahrt nach Norden einen Abstecher gen Westen zu machen – als geruhsamer Auftakt und nicht nur für Naturliebhaber ein Erlebnis, denn auch dort hat eine ereignisreiche Geschichte ihre Spuren hinterlassen.

ABENTEUER AUF FESTEM GLEIS

Kanchanaburi – bekannt geworden durch Pierre Boulles auf eigenem Erleben basierenden Roman »Die Brücke am Kwai« und dessen Verfilmung mit Alec Guinness in der Hauptrolle – ist dafür das Stichwort, denn von diesem Städtchen aus versuchten die im Zweiten Weltkrieg mit Thailand verbündeten Japaner den Zugang zum zu British India gehörenden Burma, dem heutigen Myanmar, zu erzwingen. Zwischen Juni 1942 und Oktober 1943 ließen sie von rund 62 000 alliierten Kriegsgefangenen und etwa 200 000 asiatischen Zwangsarbeitern eine 410 Kilometer lange Trasse durch dichtesten Urwald, unwegsame Bergwelt und über den Grenzpass ins Nachbarland anlegen. An den Entbehrungen und Krankheiten sowie den unmenschlichen Bedingungen starben insgesamt ungefähr 120 000 Menschen, und mehrere Museen versuchen heute in Kanchanaburi, die Geschichte dieser Zeit wiederzugeben.

Die berühmt-berüchtigte Brücke, die sich über den Fluss Kwae Yai spannt, ist heute das beliebteste Fotomotiv der Stadt, und eine Fahrt mit der »Todesbahn« von Kanchanaburi nach Nam Tok auf der 77 Kilometer langen, einspurigen Trasse gilt als eine der großen Attraktionen Thailands.

Die Hauptattraktion des Erawan National Park ist der gleichnamige Wasserfall. Seinen Namen verdankt der Park einem dreiköpfigen Elefanten aus der hinduistischen Mythologie.

Der Chalorm Rattanakosin National Park ist der kleinste Park in der Umgebung Kanchanaburis. Seine Kalksteinberge bedeckt üppiger Wald, sein Untergrund birgt viele Höhlen.

Auf den Märkten der Bergorte ist viel Obst und Gemüse zu finden – auch Erdbeeren.

Der Erawan-Wasserfall ist ein beliebtes Ausflugsziel vor allem thailändischer Baderatten.

IN IHRER GLANZZEIT WAR »DIE UNBEZWINGBARE« – SO LAUTET DIE ÜBERSETZUNG DES NAMENS AYUTTHAYA – BEREITS EINE KOSMOPOLITISCHE MILLIONENSTADT.

VERSUNKENE METROPOLEN

Stilecht gönnt man sich nach diesem »Abenteuer auf festem Gleis« eine »Fahrt auf hölzernem Kiel« mit einer der restaurierten Reisbarken, die von Bangkok aus nach Bang Pa In verkehren, Sommersitz der Könige von Siam seit dem 17. Jahrhundert. Sie zählen zu den berühmtesten und architektonisch beeindruckendsten Sehenswürdigkeiten des Landes, und der gesamte Komplex präsentiert sich als ein Märchen von Farb- und Formharmonien.

Bang Pa In spiegelt den unfassbaren Glanz der zwanzig Kilometer entfernten ehemaligen Metropole Ayutthaya wider, die bis zu ihrer Zerstörung durch die Burmesen 1767 für über 400 Jahre und 33 Könige Macht- und Kulturzentrum des Reiches war und im Ruf stand, die schönste Stadt auf Erden zu sein. Heute erinnern nur noch Ruinen – über 500 an der Zahl – von der einstigen Pracht der »Goldenen Stadt«, die auf der World Heritage List der UNESCO als Welterbe der Menschheit geführt wird.

Diesen höchsten Schutzstatus besitzt auch das rund 300 Kilometer nördlich gelegene Sukhothai, und nur der Hilfe der UNESCO ist es zu verdanken, dass die Ruinenfelder der ersten Hauptstadt des Thai-Reiches in jahrzehntelanger Arbeit restauriert werden konnten. Sie bilden als World Heritage Park eine Stadt für sich mit über 70 Quadratkilometern Fläche, in der allein über 200 Tempel aufragen und an den ehemaligen Glanz dieser Metropole erinnern, von der aus zwischen den Jahren 1238 und 1438 neun Könige herrschten. Unter ihnen auch König Ram Khamhaeng, der in der zweiten Hälfte des 13. Jahrhunderts die gesamte Zentralebene und auch Südthailand eroberte und 1283 das aus indischen Schriftzeichen abgeleitete Thai-Alphabet kreierte, das noch heute fast unverändert Gültigkeit hat. So entwickelte sich die Stadt zur Wiege der Thai-Kultur – nichts anderes auch will ihr Name aussagen, der übersetzt »Erwachen des Glücks« bedeutet.

Sukhothai ist nicht nur außerordentlich prachtvoll, mit Sukhothai verbunden sind unzählige Legenden. Unter anderem sei die einstige Hauptstadt der legendäre Ursprungsort eines der beliebten thailändischen Feste, des Loy-Krathong-Festes. Hier soll eine nicht weniger legendär schöne Konkubine einst in der ersten Vollmondnacht nach der Regenzeit aus einer Laune heraus ein lotusförmiges Blumengesteck auf den Fluss gesetzt haben. Bis heute schicken die Thais in dieser Nacht die schmuckvollen Blumengaben auf ihre Reise – mit ihnen ziehen kleine Präsente für die

Stilvoller als auf einem Elefantenrücken lässt sich das alte Ayutthaya nicht besichtigen.

Sukhothai: Wat Mahathat bedeutet »Tempel der großen Reliquie«.

Sogenannte Prang – ein architektonisches Erbe der Khmerzeit – bilden das Zentrum des Sukhothai-Tempels Wat Mahathat.

Sukhothais Wat Mahathat ist ein buddhistischer Tempel, da darf eine Figur des »Erleuchteten« nicht fehlen.

Special

Klosterbauten

Leuchtend gold

Jahrhundertelang waren Thailands Reiche buddhistisch geprägt – eine Erklärung für die Homogenität der Kultur.
Die Stile wandelten sich, die Ikonographie aber blieb – Streben nach Harmonie, Vergeistigung und Friede. Die Klosteranlage, auf Thai Wat genannt, verkörpert den Archetypus thailändischer Architektur. Zentrum ist der Chedi. Er birgt Reliquien und wurde vom indisch-buddhistischen Stupa abgeleitet. Der Viharn, die rechteckige Gebets- und Andachtshalle, ist ebenso unverzichtbar wie der kleinere, aber meist prächtigere Bot, wo Mönche geweiht werden und Zeremonien stattfinden. Der Mondhop ist mit seinem gestuftem Dach meist der Blickfang. In ihm werden die heiligen Schriften aufbewahrt.

Göttin des Wassers und fromme Wünsche flussabwärts, aber auch versehentlich begangene Sünden des vergangenen Jahres, die dann nicht mehr das Leben der so sehr auf Harmonie bedachten Thais belasten.

GRENZERFAHRUNGEN

Wer einen kleinen Hang zu Abenteuern hat, den erwartet das Glück im nahen Grenzgebiet zu Myanmar. So kurz die Distanz, so machtvoll ist der Wechsel aus der vollkommen der Reiskultur unterworfenen, dicht besiedelten Tiefebene hinaus in die menschenleeren und bis über 2000 Meter hoch aufragenden Urwaldregionen hinein, die sich südlich des Städtchens Mae Sot erstrecken. Nur rund zwei Busstunden ist man von Sukhothai dorthin unterwegs, und auf den folgenden drei bis vier Stunden bis hinunter nach Umphang geht es oft direkt an der Grenze entlang.

Auch ein Sprung ins Nachbarland Myanmar zum jenseitigen Grenzort Myawaddy hinüber ist möglich, aber zurzeit keineswegs empfehlenswert, da es seit der erneuten Machtübernahme durch das Militär im Jahr 2021 landesweit zu Konfliktsituationen kommt, die oft in Gewalt münden. Das Auswärtige Amt warnt daher dringend vor einer Einreise.

Die Lieblings-Garküchen des Autors

SCHLARAFFENLAND FÜR SCHLEMMER

Thailand ist ein einziger Sinnenreiz selbst noch unter Brücken, Bäumen und auf Bürgersteigen, an Kanälen und in Hochhauslücken, wo ungezählte Garküchen wie mobile Oasen auf hungrige Gäste warten. Wunder aus dem Wok, hier sind sie frisch, köstlich und spottbillig in Vollendung zu genießen.

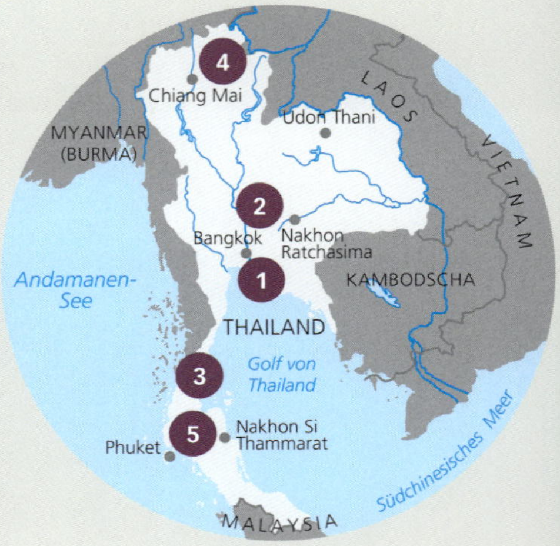

❶ Wang Lang Food Market in Bangkok

An jeder Ecke köchelt, brutzelt und dämpft es über Holzkohlefeuern und auf fauchenden Gaskochern, denn tausende fliegende Köche sind es, die in diesem Schlaraffenland für Gaumenfreuden leckere Gerichte zaubern. Hier gibt es alles von der einfachen Suppe über ein interessantes Reisgericht bis hin zum raffiniert präsentierten Meeresgetier – doch wer trendkulinarisch auf der Höhe sein will, bestellt auf diesem vielleicht größten Essmarkt der Stadt »phat phet«, ein himmlisch gutes, aber auch höllisch scharfes südthailändisches Curry.

Wang Lang Food Market, Thanon Phra Chan/Thanon Wang Lang, Bangkok; tgl. von 9.00 Uhr morgens bis 18.00 Uhr

❷ Asiatique The Riverfront in Bangkok

Dieser im Jahr 2012 eröffnete Nachtmarkt ist mit seinen mehr als 1500 Shops und Essensständen sowie den vielen Restaurants und Bars, aber auch den kulturellen Veranstaltungen nebst Kirmesvergnügungen, noch immer der größte der Stadt. Disneyland lässt grüßen, auch mit Junkfood, aber vor allem mit der enormen Vielfalt an kulinarischen Versuchungen, die hier preislich allerdings eher auf Mittelschicht und Touristen zugeschnitten sind.

Asiatique The Riverfront, Soi 72 Thanon Charoen Krung, Bangkok, www.asiatiquethailand.com; tgl. von 10.00 Uhr bis Mitternacht

3 Chatchai Night Market in Hua Hin

In Hua Hin kann man in Sachen Kulinarik nach der Nase gehen, denn wenn plötzlich verlockende Düfte durch das Zentrum ziehen, muss es gegen 17.00 Uhr sein. Zu diesem Zeitpunkt öffnet nämlich der Nachtmarkt seine Pforten und verwandelt insbesondere die Thanon Dechanuchit mitsamt ihrer Nebengassen in eine Flaniermeile, die an Quirligkeit kaum irgendwo sonst in Südthailand überboten wird.

Chatchai Night Market, Hua Hin, Thanon Dechanuchit; tgl. von 17.00 bis 23.00 Uhr, am schönsten zwischen 20.00 und 22.00 Uhr

4 Chiang Mai Night Bazaar

Je nachdem, wen man fragt, ist der Night Bazaar von Chiang Mai mal der größte Nachtmarkt von ganz Thailand, mal gar von ganz Asien schlechthin. Doch wie dem auch sei: Er ist riesig. Allerdings eher nicht unverfälscht thailändisch, sondern authentisch touristisch, weshalb sich die Zahl der Garküchen in Grenzen hält und die Speisen eher international und damit aus thailändischer Sicht eher fade schmecken. Die kulinarische Empfehlung lautet daher: auf den Chiang Mai Sunday Night Bazaar ausweichen, der beim Blick auf die Anzahl der Essensstände nordthailandweit unübertroffen ist. Ihre größte Dichte findet sich im Bereich der Tempel entlang der eigentlichen Marktstraße, und so kommen auch Optik und Atmosphäre nicht zu kurz.

Chiang Mai Sunday Night Bazaar, Thanon Ratchadamnoen im Bereich der gesamten Altstadt vom Tapae Gate bis zum Three Kings Monument; So. ab 17.00 Uhr

5 Walking Street Markets in Krabi

Der allabendliche Nachtmarkt von Krabi bietet allein schon durch seine Lage an der malerischen und herrlich luftigen Flusspromenade eine unübertroffene Atmosphäre. Die Zahl der Essensstände ist enorm und doch nichts im Vergleich mit derjenigen der Walking Street Markets, die einen Großteil der Innenstadt ein ums andere Mal in eine einzige Schlemmermeile für südthailändische Spezialitäten verwandeln. Dazu gibt es traditionellen sowie thaipop- oder -rockigen Ohrenschmaus. Hip-Hop-Tänzer und Jongleure, Feuerschlucker und Pantomimen zeigen ihre Kunststücke.

Krabi Walking Street Markets, Platz hinter dem Vogue Department Store und City Hotel, off Thanon Maharat; Fr., Sa. und So. von 17.00 bis 22.00 Uhr

Maßstab 1:2.000.000
0
40 km
Tha Song Yang
Bhumipol Dam
Sam Ngao
Nong Kachot
Si Samrong
Pong Chi
Nakhon Thai
Phu Hin Rong Kla N.P.
Sukhothai Historical Park
Sukhothai
Ban Dan Lan Hoi
Ban Tak
Kahta
Powepaw
Mae Ramat
Taksin Maharat N.P.
Tak
Phrom Piram
Kong Krailat
Wat Bot
Nong Kwang Li
Yaeng
Lom Kao
Lom Sak
Sam Muang
Kyawko
Ale
Mekane
Mae Sot
Wang Hin
Lan Sang N.P.
Khao Chomphu
Mae Nam Ping
Ramkhamhaeng Nat. P.
Samo Khon
Khiri Mat
Phitsanulok
Wang Thong
Pak Yang
Thung Salaeng Luang Nat. P.
Nam Nao
Nat. P.
Kaungmu
Kawkwreik
Wang Chao
Phran Kratai
Lan Krabu
Bang Rakam
Bang Krathum
Khao Kho
Noen Maprang
Ban Tha Phon
Na Ngua
Nam Len
Kamphaeng Phet Historical Park
Kamphaeng Phet
Sam Ngam
Tat Mok Nat. Park
Chulaphon Res.
Khlong Wang Chao Nat. Park
Khon
Phichit
Sak Lek
Phetchabun
Chaliang Lap
Nong Chok
Mulayit Taung
Kawsaing
Khlong Lan
Khao Kha Khaeng
Ban Ta Marue
Pho Phathap Chang
Taphan Hin
Dan Chang
Chumnum
Huai Na
Bu Chanuan
Khlong Khlung Res.
Khlong Khlung
Khlong Lan Nat. Park
Bao Khao Sai
Chon Daen
Num Chan
Wettakhon
Kanu Woralaksaburi
Pho Thale
Bang Mun-Nak
Nong Phai
Um Phang
Mae Wong Nat. P.
Makha
Mae Wong Res.
Wang San
Banphot Phisai
Kao Lieo
Chumsaeng
Nong Bua
Sai Thong Nat. P.
Meteke
Khwahe
Khlong Pho Res.
Lat Yao
Bung Boraphet Wildl. Pres.
Bung Boraphet
Ban Sam Phan
Lam Kachua
NAKHON SAWAN
Chalom Nae
Nam Bon
Pa Hin Ngam Nat. P.
Chaturat
Wichian Buri
Thap Salao Res.
Sawang Arom
Krok Phra
Tao Than
Hoa Thanon
Phaisali
Bamnet Narong
Mezali
Khao Yai
Lan Sak
Thap Than
Nong Chang
Phayuha Khiri
Si Thep
Thep Sa Thit
Thung Yai Naresuan Wildlife Reserve
Khao Nam Yen
Uthai Thani
Nong Sa
Ban Khamping
Three Pagodas Pass
Nong Bua
Manorom
Tak Fa
Dan Khun Thot
Wat Sing
Chai Nat
Takhli
Nong Si Ma
Ban Lam Narai
Ban Haew Ta Bua
Khao Lae
Ban Chum
Sangkhlaburi
Sanphaya
San Buri
Khok Samrong
Ban Rai
Ban Mi
Khao Laem National Park
Khao Laem Res.
Han Kha
Inburi
Puk
Khuean Srinagarindra
Khao Bang Rachan
Bang Rachan
Phatthana Nikhom
Sikhiu
Phu Toei Nat. Park
Noi Plai Kradon
Phra Prang Sam Yod
Krasieo Res.
Wang Yao
Sing Buri
Lam Thakong Reservoir
Lopburi
Pak Nam
Sri Nakarin Dam
Dan Chang
Nong Ratchawat
Doembang Nangbuat
Tha Wung
Wat Phra Buddhabat (Holy Footprint Shrine)
Muaklek Waterfall
Nong Khu
Thong Pha Phum
Huai Kachae
Pang Hok Khon
Sawaengha
Wiset Chai Chan
Phra Phutthabat
Wat Chaiya
Khong Khi Sua
Pak Chong
Yang
National Park
Chaloem Rattanakosin N. P.
Don Chedi
Lao Khwan
Ang Thong
Muaklek
Si Sawat
Huai
Sri Prachan
Tha Rua
Kaeng Khoi
Lam Phra Phleong Res.
Daowadung Cave
Wat Wiset Chi Chan
Saobai
Saraburi
Tha Chang
Nong Pradu
Suphan Buri
Maha Rat
Pa Mok
Phachi
Namtok Sam Lan N.P.
Sai Yok National Park
Erawan Waterfall
U Thong
Bang Pla Ma
Ayutthaya
Cha-am
Nang Rong Waterfall
Khao Yai
Bo Phloi
Vihan Daeng
Pagawyun
Erawan Nat. Park
Song Phinong
Bang Sai
Sena
Bang Pa In
Nong Khae
Banna
Taungthonlon
Myitta
Khwae Noi
Phanom Thuan
Bang Krasan
Nong Sua
Nakhon Nayok
National Par
DAWEI (TAVOY)
Nyaungain
Lat Bua Luang
Wang Noi
KHLONG LUANG
Ongkharak
Pak Phli
Hellfire Pass Museum
Bridge over the River Kwai
Kamphaeng Saen
Bang Len
Pathum Thani
Prachin Buri
Prachantakham
Kabin Buri
Pyathachaung
Kanchanaburi
Tha Muang
Don Tum
PAK KRET
THANYABURI
Lam Luk Ka
Ban Sang
Si Mahaphot
Tha Maka
KRUNG THEP (BANGKOK)
NONTHABURI
Nong Chok
Bang Nam Priao
Khok Pip
Pawut
Kungyaunggale
Phra Pathom Chedi
Thung Ri
Ban Pong
Nong Pru
NAKHON PATHOM
Nakhon Chaisi
Min Buri
Kluai
Tha Lan
Phanom Sarakham
Chaungwahyin
Chom Bung
Photharam
Taling Chan
Phra Buddha Sothorn
Bang Khla
Kadwe
MYANMAR
Sua Phung
Nong Song Hong
Bang Phae
Krathum Baen
Ban Phaeo
SAMUT PRAKAN
Lat Krabang
Chachoengsao
Ban Pho
Mai
Sanamchai Khet
Ratchaburi
Damnoen Saduak
Saduak Floating Market
Samut Sakhon
Bang Bo
Bang Pakong
Myinmoletkat Taung
Pe
Wat Phleng
Pom Phra Chunlachomklao
Phanat Nikhom
Thung Luang
Samut Songkhram
CHON BURI
Khok Pho
Aw
Khao Yai
Pak Tho
Ban Bung
Palauk
Tenasserim
Tanintharyi
Luang Po Ban Laem
Ban Laem
Bight
Bang Saen
Om Phanom
Mali Island Wildlife Res.
Kanti
Khao Yoi
SIRACHA
Khao Kheow Open Zoo
Mali K.
Nong Ya Plong
Wat Phra Sriratama Mahathat
Ko Sichang
Thap Rang
Pyinbutha Sakan
Migyaungthaik
Khao Samun Weng
Phetchaburi
Ao Bang Lamung
Nong Takhian
Kyaukpya
Tha Yang
Hat Chao Samran
Bang Lamung
Pa Yup
Khao Cha
Palaw
Kaeng Krachan Res.
of
Ko Lan
Map Khao Wan
Pluak Daeng
Kaeng Krachan National Park
Nong Pradu
Ko Phai
Pattaya Elephant Village
PATTAYA
Tapo
Thamihla K.
Bang Ket
Nomtien
Ti-wa
Cha-am
Ao Bang Sare
Ban Khai
Klaeng
Kadan Kyun
Kawsaing
Tanintharyi
Bangkok
Ko Khram
Ban Chang
Nong Mapri
Kyaug-pyu
Thung Klua
Sattahip
RAYONG
Soontornpoo Monument
Maingy I.
Kabingyaung
Lutlut
National Park
Pak Ngam
Hua Hin
Pawut
Pha Phrae
Ko Samae San
Ko Samet
Khao Laem Ya-Mu Ko Samet Nat. Park
Kyataw
MERGUI
Kinsa
Pran Buri Res.
Ko Chuang

REICHES KULTUR- UND NATURERBE

Von den sechs Stätten, die in Thailand auf der Welterbeliste der UNESCO stehen, sind allein drei in der nördlich an Bangkok grenzenden Tiefebene zu finden. Bieten die einstigen Königsstädte des alten Siam dem Kulturreisenden eine Vielzahl Attraktionen, so beeindruckt das Grenzland im Westen mit einzigartiger Natur.

1 Mae Sot

Das boomende Grenzstädtchen ist wegen seiner exponierten Lage oftmals Zankapfel zwischen Burmesen und Thais gewesen. Es bietet keine Sehenswürdigkeiten im klassischen Sinn, ist aber wegen seines bunten Treibens und zahlreicher Ausflugsmöglichkeiten dennoch besuchenswert.

ERLEBEN

Heiße Quellen und Wasserfälle, Waldklöster und die Dörfer mehrerer Bergvölker sind einige Ziele im Umland der Stadt, die man gut im Rahmen organisierter **Touren** entdecken kann. Schon seit Jahren populär ist **Active Thailand** (Tel. 08 16 812 400, https://active-thailand.com), die täglich Touren anbieten, auch Trekking-Touren ab Umphang im Angebot haben.

EINKAUFEN

Auf dem großen städtischen **Markt** der Stadt an der Thanon Chidwana liegen viele Waren aus dem Nachbarland Myanmar. Sonntags lohnt ein Besuch des **Hilltribe Markets** (ab ca. 8.00 Uhr bis nachmittags) am Highway 105 (Mae Sot – Tak), km 29 mit hunderten Ständen, burmesisch geprägt.

HOTEL

Das etwa 1 km außerhalb Mae Sot an der Straße nach Tak gelegene **€ € Centara Mae Sot Hill Resort** bietet bei günstigen Preisen gehobenen Mittelklassekomfort (100 Thanon Asia, Mae Sot 63110, Tel. 055 532 601, www.centarahotelsresorts.com).

2 Sukhothai

Die Ruinen von Thailands erster Metropole bilden die eindrucksvollste UNESCO-Welterbestätte des Königreiches. Hier nahm Thailands Geschichte 1238 ihren Anfang. Die Sukhothai-Periode (bis 1350) repräsentiert die erste Blüte thailändischer Architektur und Kunst.

SEHENSWERT

Der **World Heritage Park TOPZIEL** im Süden der heutigen Neustadt bedeckt mit mehr als 200 Tempeln und Palästen über 70 km². Sein Mittelpunkt bildet der von Befestigungswällen umgebene, Alt-Sukhothai genannte ehem. Stadtkern, ein etwa 6 km² großes Rechteck mit mehr als 20 Tempelanlagen. In seinem Zentrum erhebt sich mit dem einstigen Königstempel **Wat Mahathat** die mit Abstand eindrucksvollste und bedeutendste Ruine der Stadt (alle Bauten des Heritage Park tgl. 6.30–21.00 Uhr).

Wat Mahathat in Sukhothai (oben links). Blick bei Umphang (oben rechts). Karen-Mädchen bei Umphang (unten rechts).

MUSEUM

Das in Alt-Sukhothai gelegene **Ram Khamaeng National Museum** zeigt schönste Relikte der Sukhothai-Zeit, darunter u. a. auch eine umfangreiche Sammlung der in ganz Asien gerühmten Sawankhalok-Keramik, die in Sukthothai ihren Ursprung hat (tgl. 9.00–16.00 Uhr).

VERANSTALTUNGEN

Nirgendwo wird um die Nov.-Vollmondnacht beim Lichterfest **Loy Krathong** so eine Pracht entfaltet wie in Alt-Sukhothai, mit Lichtshows, Tänzen und Prozessionen.

HOTELS

Sehr gepflegt sind die klimatisierten Holz-Bungalows von **€ € The Nature** (247/7–9 Moo Thambol Thani, Tel. 09 91 388 369, auf Facebook), das unlängst neu eröffnet wurde; mit kleinem Swimming-Pool in ruhiger Lage mit direktem Busanschluss nach Old Sukhothai. Direkt beim Historical Park liegt das Boutique-Resort **€ € € Legendha Sukhothai Resort** (Tel. 055 697 214; www.legendhasukhothai.com)

UMGEBUNG

Si Satchanalai, die Schwesterstadt von Sukhothai und zusammen mit ihr »untergegangen«, gehört auch zum Welterbe-Bereich. Im Innern des von einer dreifachen Stadtmauer umschlossenen Si Satchanalai Historical Park liegen Dutzende Tempelanlagen (tgl. 8.30 bis 16.30 Uhr).

INFORMATION

Tourism Authority of Thailand, 130 Thanon Charot Withi Thong, Tel. 055 616 228

3 Ayutthaya

Ihrer zahllosen Tempelruinen wegen gehört die ehem. Königsstadt zum UNESCO-Welterbe, aber auch die Umgebung ist reich an faszinierenden Zeugen aus alter Zeit. Die Geschichte von Ayutthaya (52 000 Einw.) geht auf das Jahr 1350 zurück, als sie von Rama Thibodi I. als Machtzentrum des Königreichs Siam gegründet wurde, das sich zum mächtigsten Staat ganz Südostasiens entwickelte – bis 1767, als die Burmesen die Metropole zerstörten.

SEHENSWERT

Die Stadt ist extrem weitläufig, und die attraktivsten **Ruinen TOPZIEL** liegen außerhalb. Deshalb mietet man für eine Sightseeingtour am besten ein Tuk Tuk (oder ein Fahrrad), vermittelt durch die Unterkünfte oder das Touristenbüro (auch organisierte Touren); die Fahrer wissen Bescheid, und die Standardtour allein zu den Haupt-Sehenswürdigkeiten währt mindestens einen halben Tag. Hervorzuheben sind u. a. der mit hohen Turmbauten im Khmer-Stil beeindruckende **Wat Chai Chedi Wattanaram** (Urspr. 1630), der im 15. Jh. beim Königspalast errichtete **Wat Phra Si San Phet**, der aus dem 14. Jh. stammende **Wat Mahathat**, der von einem Chedi gekrönte und mit über 100 Buddhastatuen geschmückte **Wat Yai Chai Mongkul** nebst dem **Wat Phu Kao Thong**, der mit seinem schiefen Chedi insbesondere bei Sonnenuntergang ein faszinierendes Bild abgibt.

Tipp

Zum Drei-Pagoden-Pass

Nam Tok, die Endstation der »Todesbahn«, liegt am Highway 323, der Kanchanaburi mit der Myanmar-Grenze verbindet, und anstatt im Anschluss an die Zugfahrt wieder nach Kanchanaburi zurückzufahren, bietet es sich an, den Bus nach Sangkhlaburi zu nehmen, Ausgangspunkt zum Besuch des 22 km entfernten Drei-Pagoden-Passes, der die Grenze zum Nachbarland bildet. Dort bieten Verkaufsstände vor allem Kunsthandwerk und andere Waren aus Myanmar an. Sangkhlaburi selbst breitet sich wunderschön am Nordrand des Khao-Laem-Stausees aus, der für Bootsrundfahrten wie geschaffen ist.

Stilvoll unterwegs in Ayutthaya (oben links). Hier lässt sich der Sommer verbringen: Bang Pa In (oben rechts und unten rechts).

MUSEEN

Das **Ayutthaya Historical Study Center** versteht sich als Forschungsinstitut und Museum und dokumentiert u. a. in interaktiven Bereichen die faszinierende Geschichte der alten Metropole und ihres Reiches (Thanon Rotchana, www.ayutthaya-history.com; tgl. 9.00 bis 17.00 Uhr). Votivgaben, archäologische Funde aus allen Epochen und ein unter einem Tempel ausgegrabener Goldschatz sind im Palastbau des **Chantarakasem National Museum** ausgestellt (Thanon U-Thong; Mi.–So. 9.00–12.00 und 13.00–16.00 Uhr).

HOTELS

Traumhafte Ausblicke auf den Fluss und vollendeten Luxus bietet das günstige **€ € € River View Place Hotel** (35/5 Thanon U-Thong, Ayutthaya, 13000, Tel. 035 241 444, www.riverviewplace.com). Günstige **€ € Guesthouses** sind an der Thanon Naresuan zu finden.

UMGEBUNG

Lopburi (58 000 Einw.; nördl.), eines der ältesten Siedlungsgebiete Thailands, war zwischen dem 7. und 11. Jh. Zentrum des von den Mon gegründeten buddhistischen Dvaravati-Reiches. Zu besichtigen sind zahlreiche historische Bauwerke, manche über 1200 Jahre alt; Höhepunkt ist der Phra Narai Ratchaniwet (17. Jh.), ein von König Narai errichteter Palast, der europäische und thailändische Architektur vereint. Die Sommerresidenz der thailändischen Könige von **Bang Pa In** (Urspr. 17. Jh., überw. 19. Jh.; südl.) liegt in einer weiten Parkanlage und vereint auf kleinstem Raum ein faszinierendes Nebeneinander von in unterschiedlichsten Stilen errichteten Palästen – hier ein Holzpavillon im Thaistil, dort ein »italienisches« Schloss neben einem Wassertempel in thailändisch-viktorianischem Mischstil (tgl. 8.30–17.00 Uhr).

INFORMATION

Tourism Authority of Thailand, 108/22 Mu 4, Tambon Phratuchai, Tel. 035 246 076. U. a. informiert www.ayutthaya.net auf Englisch

4 Nakhon Pathom

Mit dem Chedi Phra Pathom beheimatet die Provinzstadt (ca. 118 000 Einw.) das wichtigste buddhistische und gleichzeitig älteste Heiligtum Thailands. Die Geschichte des Ortes geht bis ins 1. Jh. v. Chr. zurück – damals lag er noch am Meer. Mönche aus Ceylon oder Indien sollen hier erstmals auf thailändischem Boden die Lehre Buddhas verkündet haben. 6.–11. Jh. war die Stadt Zentrum mehrerer Mon-Königreiche.

SEHENSWERT

Schon von weitem ist der 127 m hohe, golden strahlende Turmbau des **Chedi Phra Pathom** zu sehen, 1853 auf den 40 m hohen Überresten einer Stupa aus dem 6. Jh. erbaut. Goldene Kacheln bedecken das gewaltige Monument, umgeben von einem Säulengang mit vier Kapellen zu den wichtigsten Aspekten der Lehre des Erleuchteten.

MUSEUM

Vom Stadtzentrum sind es 2 km zum **Sanam Chandra-Palast**, der ehem. königlichen Residenz. Im frühen 20. Jh. im verspielten thailändisch inspirierten Tudor-Stil errichtet und eher einem Märchenschloss ähnlich. Ausgestellt ist u. a. Persönliches der thailändischen Könige; am beeindruckendsten aber ist die von einem prachtvollen Park umgebene Baulichkeit selbst (tgl. 9.00–16.00 Uhr).

5 Kanchanaburi

Die nahe der Myanmar-Grenze gelegene Stadt ist wegen ihrer »Brücke am Kwai« und der »Todesbahn« weltbekannt. Beide verweisen auf den Zweiten Weltkrieg, aber auch in landschaftlicher Hinsicht bietet die im späten 18. Jh. als Grenzfestung gegründete Provinzmetropole (65 000 Einw.) zahlreiche Attraktionen.

SEHENSWERT

Die **Brücke am Kwai**, millionenfach abgelichtet, präsentiert sich heute als schlichte Stahlkonstruktion im Norden der Stadt (5 km außerhalb). Riesige **Soldaten-Friedhöfe** erinnern an das große Sterben im Zweiten Weltkrieg. Südl., am besten per Taxi zu erreichen, sind zahlreiche Tempelanlagen zu finden, teils in Kalksteinhöhlen; sehenswert sind der **Wat Tham Khao Laem** nebst dem chinesisch inspirierten **Wat Tham Mangkon Thong**, von dem aus eine mit Drachen flankierte Treppe auf den Gipfel eines Aussichtshügels führt.

MUSEEN

Die Geschichte der Kriegsgefangenen von Kanchanaburi zeigt das **JEATH-Kriegsmuseum** (JEATH: Japan, England, Australien, Thailand, Holland), das in nachgebauten Wohnhütten der Kriegsgefangenen untergebracht ist und das Elend der Unglücklichen demonstriert (Thanon Wisuttharangsi; tgl. 8.30–16.00 Uhr). Vorwiegend der »Todesbahn« ist das moderne, interaktive Thailand Burma Railway Centre gewidmet (73 Thanon Joakannun, www.tbrconline.com; tgl. 9.00–16.00 Uhr).

VERANSTALTUNG

Das **River Kwai Festival** Ende Nov./Anf. Dez. ist wichtigste Veranstaltung der Region; eine Woche lang steht die ganze Stadt kopf.

ERLEBEN

Das Erlebnis der Region ist eine Fahrt mit der tgl. zwei Mal verkehrenden **Todesbahn** von Kanchanaburi nach Wang Pho (www.thaitrainguide.com/death-railway, 77 km); 2 Std. bummelt der Zug auf landschaftlich imposanter Strecke dorthin. Wer in Fahrtrichtung links Platz nimmt, genießt den besten Ausblick; am schönsten ist die Fahrt mit dem Frühzug um 7.50 Uhr. **Bootstouren** auf dem schönen Kwae Noi und dem Kwae Yai werden über Reisebüros, das Touristenbüro und die Unterkünfte organisiert; eindrucksvoller sind mehrstündige bis mehrtägige Kajaktouren von Safarine Tours (Tel. 08 60 491 662, www.safarine.com).

HOTEL

Dutzende Hotels und Gästehäuser bieten Unterkunft. Erste Wahl ist das **€ € € / € € Felix River Kwai Resort** in schöner Naturlage (9/1 Moo 3 Thamakham, Kanchanaburi 71000, Tel. 034 551 000, www.felixriverkwai.com).

UMGEBUNG

Im Grenzgebiet zu Myanmar liegen zahlreiche Nationalparks, die Berg-, Wald- und Fluss-Landschaften erschließen. Herausragend sind der **Erawan National Park** (550 km²) und der **Sai Yok National Park** (500 km²), beide mit spektakulären Wasserfällen, wobei der 7-stufige Erawan-Wasserfall mit seinen smaragdgrünem Wasser und den Sinterterrassen im Urwaldsaum der schönste ist. Schönster Nationalpark ist der **Tham Than Lot National Park** (auch Chalerm Rattanakosin National Park, 59 km²) mit bizarren Kalksteinformationen.

INFORMATION

Tourism Authority of Thailand, 14 Thanon Saengchuto, Kanchanaburi 71000, Tel. 034 511 200

JA **NATÜR** LICH

WELTERBE-ABENTEUER

Dass der Wasserfall Ti Lo Su samt Umland von der UNESCO als Weltnaturerbe geführt wird, spricht für sich. Im Rahmen von Raftingtouren kann man seinen Dutzenden Katarakten nahe kommen. Über 300 m breite weiße Wasserschleier ergießen sich aus 400 m Höhe in ein Waldtal von atemberaubender Schönheit.

Auf der rund 165 km langen Strecke von Mae Sot nach Umphang reihen sich Bilder zu Rudyard Kiplings »Dschungelbuch«. So einzigartig sie auch wirken, sie verblassen angesichts der geradezu archaischen Urwald-Eindrücke, die man im Rahmen einer kombinierten Rafting-/Trekkingtour auf dem Mae Klong von Umphang zum rund 40 km entfernten Wasserfall Ti Lo Su genießen kann. Der Fluss gilt als einer der schönsten des Landes, oft genug strömt er unter Vorhängen aus Lianen und meterlangen Bartflechten durch einen regelrechten Waldtunnel dahin.

Den krönenden Abschluss dieser Traumtour bietet das Ziel Ti Lo Su selbst, der nicht nur als der höchste, sondern auch als der schönste der insgesamt nach Tausenden zu zählenden Wasserfälle des Landes gilt. Genießer dehnen das Erlebnis auf drei Tage aus und verbringen dann die erste Nacht bei heißen Quellen im Urwaldgrund, die zweite hingegen direkt am Fuß des Falls, bevor sie ein Ritt auf Elefantenrücken in die Zivilisation zurück bringt.

Als die beste Zeit für Rafting-Abenteuer gelten die Monate Okt. bis Jan./Febr. Die meisten Unterkünfte in Umphang bieten organisierte Raftingtouren an.

Zwei renommierte Veranstalter sind **Umphang Adventures** (https://umphangadventures.com) und **Active Thailand** (https://active-thailand.com), die sich zudem auch schon für andere Erlebnistouren gut bewährt haben.

Unterwegs auf dem Mae Klong.

Nordthailand

*

EIN EIGENES THAILAND

*

Seiner isolierten Lage ist es zu verdanken, dass der hohe Norden des Landes eine weitgehend selbstständige politische Entwicklung nahm und sich bis heute auch eine kulturelle Eigenständigkeit bewahrt hat. Nicht zuletzt ist Nordthailand eine Region großer szenischer Schönheit, in der sich bewaldete Bergzüge mit fruchtbaren Tälern und Ebenen abwechseln.

Eine Floßtour auf dem Menam Ping führt unweigerlich an Frauen und Kindern der Bergvölker vorbei, die Souvenirs verkaufen.

Chiang Mai ist ein Schmelztiegel. Dazu gehören der 670-jährige Tempel Wat Suan Dok mit einem Chedi im Sri-Lanka-Stil (oben links) ebenso wie der schon chinesische Schriftzeichen präsentierende Warorot-Markt (oben rechts), die traditionellen Thai-Tänze im Old Chiang Mai Cultural Center (unten links) und die überlieferten Kunstidealen verpflichteten Holzschnitzer (unten rechts).

Zu Chiang Mais Kunsthandwerkerszene gehören auch Schirm-Manufakturen, in denen fragile Kostbarkeiten entstehen.

IM DICHT BEWACHSENEN BERGLAND IM NORDEN DES HEUTIGEN THAILAND ENTSTAND IM 13. JAHRHUNDERT UM CHIANG MAI DAS THAILÄNDISCHE KÖNIGREICH LAN NA, DAS »LAND DER MILLIONEN REISFELDER«.

Im Westen und Nordwesten wird der rund 170000 Quadratkilometer umfassende Norden Thailands von Myanmar gesäumt, im Osten und Nordosten von Laos, nur nach Süden hin ist er zum Kernland geöffnet. Eingebettet in fünf parallel zueinander verlaufende und von Nord nach Süd streichende, bis über 2000 Meter hohe Gebirgszüge, entspringen hier fünf der wichtigsten Zuflüsse des Menam Chao Phraya, an deren Ufern lange vor der Gründung der ersten Thai-Hauptstadt Sukhothai im 13. Jahrhundert Königreiche existierten. Erst Ende des 18. Jahrhunderts kam das heutige Nordthailand unter den Einfluss des damaligen Siam, behielt aber weiterhin und fast bis ins 20. Jahrhundert hinein ein gewisses Maß an Selbstständigkeit.

KULTURMETROPOLE DES NORDENS

Machtzentrum über ein halbes Jahrtausend hinweg war die Stadt Chiang Mai, 1296 als Zentrum des La Na-Reiches gegründet. Selbstbewusst versuchten seine Machthaber im 16. Jahrhundert, Ayutthaya herauszufordern. Die Invasion schlug fehl, und damit sank der Stern der Metropole. Von den Burmesen unterworfen, wurde Chiang Mai aufgegeben. Erst die Eroberung 1775 durch Bangkok weckte die Stadt am Ufer des Menam Ping aus einem fast 200 Jahre währenden Dornröschenschlaf. Dieser wechselreichen Geschichte verdankt die zu Füßen 1300 Meter hoher Bergzüge gelegene Stadt eine vielgestaltige Architektur, die in den rund 300 Tempeln ihre schönsten Ausprägungen hat. Aber auch in Festen und Traditionen sowie der Küche kommt die eigenständige Kultur zum Ausdruck, und schon gar im Kunsthandwerk, das nirgends sonst im Königreich solche Blüten treibt wie hier. Legionen geschickter Handwerker machen Chiang Mai zur Shopping-Perle des Landes, die ihren touristischen Stellenwert aber gerade auch dem oft angenehm kühlen Bergklima sowie der attraktiven Lage im Umfeld zahlloser Naturschönheiten verdankt.

RUND UM DEN DOI INTHANON

Insbesondere im Westen der Stadt, wo die Berge höher aufragen und näher zusammenrücken als sonst im Königreich, zeigt sich die Natur am spektakulärsten. Wenn es im Norden Thailands einen Ausflug gibt, den man einfach gemacht haben muss, dann ist es derjenige rund um den Doi Inthanon. Mit 2565 Metern ist dieser in den gleichnamigen Nationalpark eingefasste Berg der höchste des Landes, und für fast 50 Kilometer zieht sich der gut ausgebaute Highway 1009 aus der Flussebene des Menam Ping an

Gesichter des Nordens: Bergvolkfrau mit Kind (oben links), Mekong-Fährmann (oben rechts) und eine Straßenhändlerin in Mae Sai (unten rechts). Den weißen – in dieser Farbe die Reinheit Buddhas symbolisierenden – Tempel Wat Rong Khun entwarf der 1955 in Chiang Rai geborene Künstler Chalermchai Kositpipat etwa fünf Kilometer südlich von seiner Geburtsstadt (unten links).

seinen Flanken empor ins Reich der Nebelwälder, denen die Pracht wilder Orchideen zwischen urwüchsigen Rhododendren-Bäumen und Riesenfarnen einen märchenhaften Anstrich verleiht. Der weitere Weg Richtung Myanmar-Grenze und an ihr entlang hält unzählige Kurven und Ausblicke auf ständig wechselnde Landschaftsbilder bereit. Er führt in den burmesisch geprägten Bergort Mae Hong Son, der mit zahlreichen Kultur- und Natursehenswürdigkeiten aufwartet. Herausragend ist die nahe Tham Lot-Tropfsteinhöhle, die nach Pai überleitet, wo heiße Quellen zum Bad einladen und man sich in schicken Resorts von den Abenteuern des Nordens erholen kann.

AM GOLDENEN DREIECK

Ein Abenteuer ist auch der Besuch des nordöstlich von Chiang Mai gelegenen Goldenen Dreiecks, das durch das Dreiländereck Thailand, Myanmar und Laos dort gebildet wird, wo der Mae Sai River in den mächtigen Mekong mündet. Ehemals eines der größten Opiumanbaugebiete der Erde, hat es als Opium-Dreieck noch immer einen berüchtigten Namen, und wenn auch heute – zumindest auf thailändischer Seite – der »Stoff aus dem die Träume sind« nicht mehr angebaut wird, so übt das Dreieck nach wie vor eine magische Anziehungskraft auf Touristen aus aller Welt aus.

Eindrucksvoller aber als das Ziel ist der Weg dorthin, und die mit Abstand schönste Anreise wird vom Highway 7 gebildet, der Chiang Mai mit Thaton verbindet. Dort steigt man um ins Flussboot, um dem Maenam Kok für rund 80 Kilometer stromabwärts bis Chiang Rai zu folgen, dem Ausgangspunkt für die Fahrt ins eigentliche Dreiländereck, das heute vor allem durch grenzüberschreitenden Handel sowie Tourismus Wirtschaftsimpulse empfängt.

TIERISCHE KÜNSTE

Ein weiteres Abenteuer ist ein paar Kilometer nordwestlich von Lampang zu

Nur von einer Petroleumlampe erhellt:
Führung in der Höhle Tham Lot.

Das schmale Tal bei Pai durchziehen Kohlfelder, die
Höhe säumen Bananenstauden und Teakwälder.

Per Bambusfloß gelangt man in die Tham-Lot-Tropfsteinhöhle,
die zu den beeindruckendsten Höhlensystemen Asiens zählt.

Malerei hin, Musik her – ein Bad im Fluss gehört zum täglichen Pflichtprogramm eines jeden Dickhäuters auch im National Elephant Institute.

Special

Lotos

Blume Buddhas

Lotos begegnet man in Thailand auf Schritt und Tritt in der Natur sowie Kunst. Die Pflanzen breiten sich auf jedwedem Gewässer aus. Vielfältig sind die künstlerischen Darstellungen – geschnitzt, aus Seidenfäden geknüpft, auf Leinwand gebannt oder in Lyrik beschrieben. Vor allem in der Tempelarchitektur ist die Blume ein immer wiederkehrendes Motiv. Ein Grund für die Beliebtheit der Pflanze ist der sogenannte Lotuseffekt, die Fähigkeit der Blätter, Schmutz abzuweisen, obwohl sie oftmals im schmutzigen Trüben schwimmen. Dies ließ den Lotos zum Sinnbild für Reinheit und Treue, für Schöpferkraft und Erleuchtung werden, und im Buddhismus ist er Symbol für den Lauf der Zeiten, zählt zu den acht Kostbarkeiten und gilt als die Blume alles Heiligen.

erleben – zumindest für Mitteleuropäer. Das Staunen ist groß, als ein Elefant in der Lampang Elephant Conservation Centre mit geschicktem Rüssel feine Pinselstriche auf Leinwand zaubert und so nach und nach ein Selbstbildnis samt roter Rose entstehen lässt. Auch meint man seinen Ohren kaum zu trauen, wenn das aus 14 Dickhäutern bestehende Thai Elephant Orchestra ureigene Töne zum Besten gibt. Die auf diese Weise entstandenen Bilder und Musik-CDs werden verkauft – zugunsten des Thai Elephant Conservation Centre, geschaffen als Hilfe für bedürftige gezähmte Elefanten und ihre Führer, die Mahouts. Ziel ist es, beiden eine Zukunft zu sichern, denn in den Wäldern, wo Elefanten traditionell beim Holzrücken eingesetzt wurden, haben sie seit dem Holzeinschlagverbot von 1989 keine Arbeit mehr. In der Folge blieb vielen Mahouts nur das Betteln, schließlich benötigt ein Elefant bis zu 200 Kilogramm Futter am Tag – Gräser und Blätter, aber auch Früchte, Wurzeln und Zweige. Diesen Hunger zu stillen, kostet monatlich über 400 Euro, mit Pflege und ärztlicher Versorgung kommt man schnell auf das Doppelte.

LEBEN BEI DEN MAHOUTS

Damit die jahrhundertealte Kunst des Elefantentrainings nicht verloren geht, ist eine spezielle Schule für Elefanten und Mahouts angegliedert. Auch Besucher können hier den menschlichen und tierischen Lehrlingen zur Hand gehen und sogar bei den Mahouts leben. Das ist einzigartig in Thailand, wohingegen Elefantenritte in allen Ferienzentren des Landes Renner jeder Saison sind. Rund 2600 Elefanten sollen noch landesweit in der Tourismusbranche tätig sein – ein weiterer Rettungsanker für die gezähmten Dickhäuter.

EINE SCHWERE FREIHEIT

Ihre wild lebenden Artgenossen haben es da schon wesentlich schwerer, denn nach weitestgehender Zerstörung der Teakwälder des Nordens und der Regenwälder des Südens haben sie keinen Lebensraum mehr, fristen in wenigen Nationalparks ihr auch von Wilderern gefährdetes Leben – im Khao Sok National Park beispielsweise oder im Kaeng Krachan National Park nahe Hua Hin, wo noch etwa 200 der landesweit 1500 bis 2000 Exemplare in kleinen Herden umherziehen. 1950 sollen es noch mehr als 13000 Tiere gewesen sein; eine lächerliche Zahl angesichts der über 20000, die Anfang des 18. Jahrhunderts allein in der königlichen Armee Dienst taten oder der bis zu 150000 Elefanten, die damals in freier Wildbahn lebten.

Die Bergvölker

ANDERE WELTEN

Schon seit über hundert Jahren sind die oft schwer zugänglichen Bergregionen im Norden Thailands Zufluchtsstätte zahlreicher indigener Völker aus dem gesamten ostasiatischen Raum. Führten sie lange Zeit ein nahezu autarkes Leben, so sind sie heute von Selbstaufgabe und Verlust ihrer oft jahrtausendealten Kulturen bedroht.

Thailandweit wird anlässlich des Elephant Day im März den Dickhäutern Ehrerbietung erwiesen – auch in den Bergregionen des Nordens.

Die Thais stellen sich selbst gerne als ein homogenes Volk dar, doch Ethnologen verweisen darauf, dass nur rund die Hälfte der Gesamtbevölkerung Thailands ethnisch Thais sind. Der Rest verteilt sich auf Chinesen, Khmer, Lao, Malaien und Mon sowie im Norden des Königreiches ansässige Minoritäten – die sogenannten Bergvölker. Sie sind im Großen und Ganzen innerhalb der letzten hundert Jahre infolge wirtschaftlicher und politischer Probleme aus Tibet, Bangladesh und Burma, Laos, Südchina, Vietnam und Kambodscha eingewandert, und jedes einzelne dieser Völker hat einen anderen ethnischen Ursprung, eine andere Kultur und Tradition, andere Kleidung und religiöse Vorstellungen, in denen zumeist der Glaube an die Beseeltheit der Natur (Animismus) verbindendes Glied ist.

Genaue Angaben zu den Bergvölkern gibt es nicht. In den meist entlegenen Randgebieten des hohen Nordens von Thailand sollen mindestens eine halbe Million Menschen in etwa 3000 Dorfgemeinschaften in Höhenlagen von meist über 800 bis 1000 Metern leben. Sie waren für den thailändischen Staat lange Zeit kaum von Bedeutung und konnten in weitgehender Autarkie ihre oft halb nomadischen Lebensweisen bewahren. Und ihr Wirtschaftssystem, das meist auf dem Anbau von Trockenreis, Mais und Hirse sowie Knollenfrüchten und Gemüse im Brandrodungswanderfeldbau beruht. Auch Opium wird traditionell, wenngleich nicht von allen Bergvölkern, angebaut – so kam der Norden zu dem Namen »Opium-Dreieck«. Seit Mitte der 1950er-Jahre wegen kommunistischer Bedrohung das Thema nationale Sicherheit an Bedeutung gewann und nach Ende des Vietnamkrieges unter Druck der USA dem Opiumanbau der Kampf angesagt wurde, gerieten die Bergvölker in den Fokus staatlichen Interesses.

Zum Bergvolk der Karen zählt man die Padaung, deren Frauen einen auffälligen Schmuck in Form von Metallspiralen um den Hals tragen. Vom Mädchenalter an wird durch das Anlegen zunehmend längerer Spiralen der Hals unnatürlich gedehnt. Einer Legende nach sollte dieser Schmuck Sklavenjäger abschrecken und vor Tigerbissen schützen.

Ursprünglich mongolischer Herkunft, stammen die Karen mehrheitlich aus Myanmar, wo noch mehrere Millionen leben. Die dort anhaltende Verfolgung als Feinde des Staates hat viele nach Thailand flüchten lassen.

Die rund 25 000 Lahu Thailands sind sinotibetischer Herkunft. Lahu leben mehrheitlich in Südchina und Vietnam. Ihre Häuser sind auf Stelzen und überwiegend aus Bambus errichtet.

VON ASSIMILATION BEDROHT

Das neu erwachende Umweltschutz-Bewusstsein, das 1988 zum Verbot des Holzeinschlags führte, tat ein Übriges, und war das Verhältnis Thailands zu den Bergvölkern bis dato von Nichteinmischung gekennzeichnet, so wurden nun viele Programme ins Leben gerufen, die auf Assimilation, Thaiisierung also, ausgerichtet waren. Nunmehr waren Traditionen wie Opiumanbau und Brandrodungswanderfeldbau untersagt, wurde der Anbau von Ersatzkulturen durchgesetzt, herrschte Schul- und Registrierungspflicht, wurde eine staatliche Verwaltung eingeführt und gerade auch die touristische Erschließung ihres Lebensraums mit dem Ziel vorangetrieben, die traditionellen Sozialgefüge zu sprengen. Dementsprechend sind mittlerweile viele Angehörige der Bergvölker auf Integration eingestellt, auf eine passive Anpassung an die Majoritätsbevölkerung. Obwohl es Ansätze dazu gibt, haben sich die Bergvölker doch nicht zu einer organisierten Minderheit konsolidieren können. Zu viele Bergvölker gibt es, zu unterschiedlich sind ihre Kulturen, und da die einzige politische Einheit stets nur das Dorf war, konnten sich keine größeren politischen Organisationsformen bilden, um ihre Sichtweise aufzuzeigen oder ihre Interessen zu vertreten.

Die etwa 70 000 Akha (rechte Seite oben) Thailands haben ihren Ursprung im tibetischen Hochland. Mit ihren bestickten Jacken und dem Silberschmuck erinnern sie deutlich an Tibeter. Viele Karen müssen ihr Dasein in Flüchtlingslagern verbringen (rechte Seite unten).

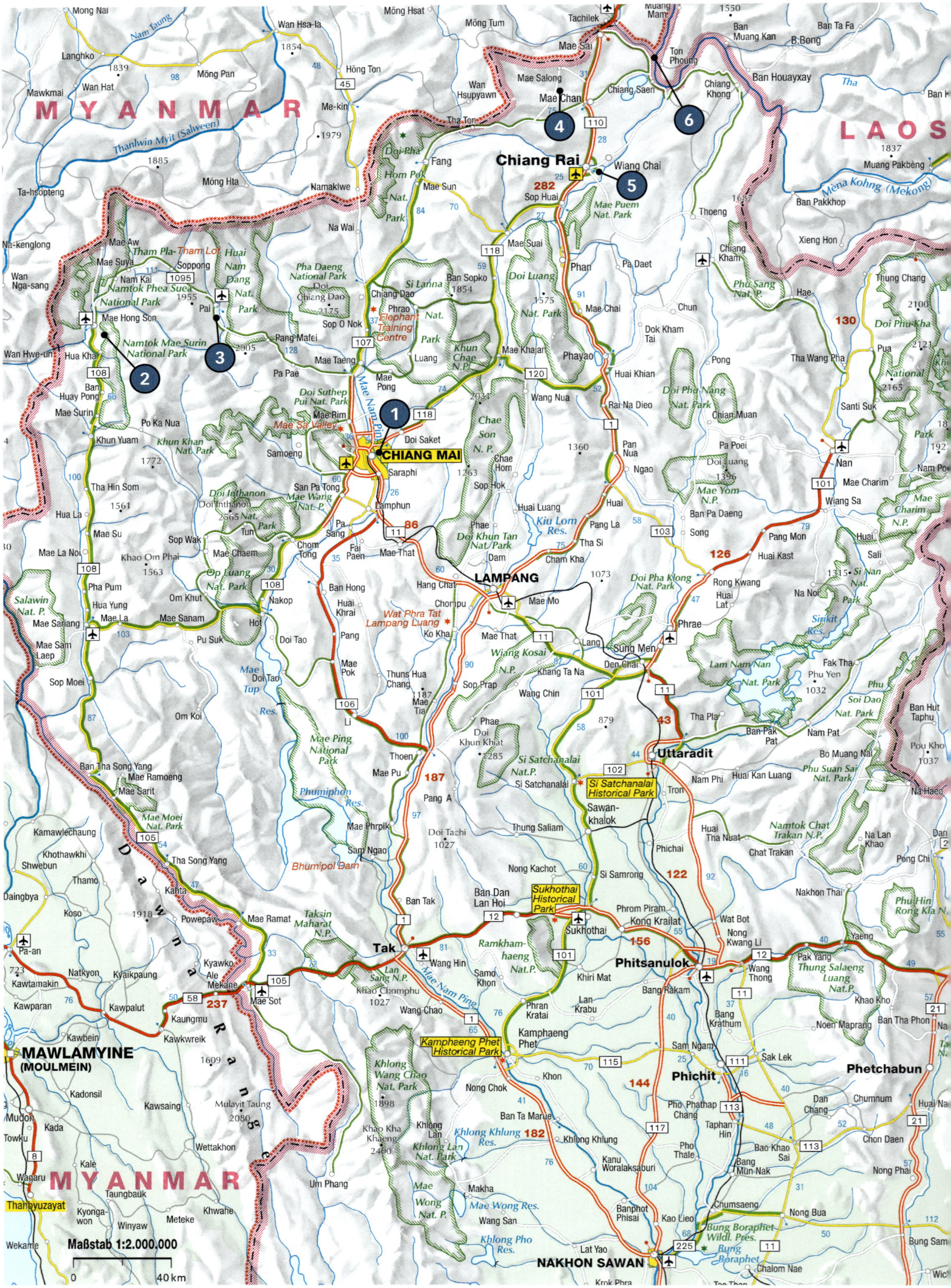

MYANMAR
LAOS
Mong Nai
Mong Hsat
Mong Tum
Tachilek
Wan Hsa-la
Nam Taung
Langhko
Mong Pan
Hong Ton
Wan Hat
Mawkmai
Me-kin
Wan Hsupyawn
Mae Sai
Mae Salong
Mae Chan
Chiang Saen
Ton Phoung
Ban Muang Kan
Ban Ta Fa
B. Bong
Ban Houayxay
Chiang Khong
Tha
Thanlwin Myit (Salween)
Tha Ton
Doi Pha Hom Pok Nat. Park
Fang
Mae Sun
Chiang Rai
Wiang Chai
Sop Huai
Mae Puem Nat. Park
Muang Pakbeng
Mèna Kohng (Mekong)
Ban Pakkhop
Xieng Hon
Thoeng
Chiang Kham
Mong Hta
Ta-hsopteng
Namaklwe
Na Wai
Na-kenglong
Wan Nga-sang
Mae Aw
Mae Suya
Tham Pla-Tham Lot
Huai Nam Dang Nat. Park
Soppong
Nam Kai
Namtok Phea Suea National Park
Pai
Mae Hong Son
Namtok Mae Surin National Park
Pang Mafei
Wan Hwe-un
Hua Kha
Ban Huay Pong
Mae Surin
Pha Daeng National Park
Doi Chiang Dao
Chiang Dao
Phrao
Elephant Training Centre
Sop O Nok
Mae Taeng
Si Lanna Nat. Park
Ban Sopko
Mae Suai
Doi Luang Nat. Park
Phan
Pa Daet
Mae Chai
Chun
Dok Kham Tai
Phu Sang Nat. P.
Thung Chang
Hae
Doi Phu Kha
Pua
Tha Wang Pha
Khun Chae N.P.
Mae Khajan
Phayao
Huai Khian
Pong
Luang
Pa Pae
Mae Pong
Doi Suthep Pui Nat. Park
Mae Rim
Mae Sa Valley
Mae Nam Ping
Wang Nua
Rai Na Dieo
Doi Phu Nang Nat. Park
Chian Muan
Santi Suk
National Park
Doi Saket
CHIANG MAI
Saraphi
Samoeng
Chae Son N. P.
Chae Hom
Pan Nua
Ngao
Pa Poei
Doi Luang
Mae Yom N.P.
Nan
Mae Charim
Wiang Sa
Khun Yuam
Po Ka Nua
Khun Khan Nat. Park
Tha Hin Som
San Pa Tong
Mae Wang Nat. P.
Doi Inthanon Nat. Park
Lamphun
Sop Hok
Huai Luang
Kiu Lom Res.
Pang La
Huai
Ban Pa Daeng
Song
Pang Mon
Huai Kast
Mae Charim N.P.
Hua La
Mae Su
Mae La Noi
Khao Om Phai
Sop Wak
Mae Chaem
Tun
Pa Sang
Fai Paen
Mae That
Phae
Doi Khun Tan Nat. Park
Dam
Tha Si
Cham Kha
LAMPANG
Doi Pha Klong Nat. Park
Rong Kwang
Huai Lat
Na Noi
Si Nan Nat. Park
Sali
Op Luang Nat. Park
Chom Tong
Ban Hong
Huai Khrai
Hang Chat
Chom pu
Mae Mo
Phrae
Sirikit Res.
Salawin Nat. P.
Pha Pum
Hua Yung
Mae Sariang
Mae La
Mae Sanam
Om Khut
Hot
Nakop
Wat Phra Tat Lampang Luang
Ko Kha
Mae That
Wiang Kosai N.P.
Lang
Sung Men
Den Chai
Khang Ta Na
Lam Nam Nan Nat. Park
Fak Tha
Phu Yen
Phu Soi Dao Nat. Park
Mae Sam Laep
Sop Moei
Pu Suk
Doi Tao
Mae Ping
Mae Dol Tao Tup Res.
Pang
Mae Pok
Thuns Hua Chang
Mae Tia
Sop Prap
Wang Chin
Tha Pla
Ban Pak Pat
Nam Pat
Ban Hut Taphu
Om Koi
Li
Phae Doi Khun Khat
Si Satchanalai Nat. P.
Uttaradit
Bo Muang Nai
Pou Khou
Ban Tha Song Yang
Mae Ramoeng
Mae Sarit
Mae Ping National Park
Thoen
Mae Pu
Pang A
Si Satchanalai
Si Satchanalai Historical Park
Tron
Nam Phi
Huai Kan Luang
Phu Suan Sai Nat. Park
Na Haeo
Mae Moei Nat. Park
Phumiphon Res.
Sawankhalok
Huai Tha Nuat
Namtok Chat Trakan N.P.
Na Lan Khao
Kamawlechaung
Khothawkhi
Shwebun
Mae Phrpik
Doi Tachi
Thung Saliam
Phichai
Chat Trakan
Pong Chi
Thamo
Dawna Range
Tha Song Yang
Sam Ngao
Bhumipol Dam
Nong Kachot
Si Samrong
Daingbya
Kanta
Nakhon Thai
Koso
Powepaw
Mae Ramat
Taksin Maharat N.P.
Ban Tak
Ban Dan Lan Hoi
Sukhothai Historical Park
Sukhothai
Phrom Piram
Kong Krailat
Wat Bot
Nong Kwang Li
Phu Hin Rong Kla N.
Pa-an
Kyawko
Ale Mekane
Mae Sot
Tak
Wang Hin
Ramkham-haeng Nat.P.
Phitsanulok
Wang Thong
Pak Yang
Thung Salaeng Luang Nat.P.
Yaeng
Natkyon
Kyaikpaung
Kawtamakin
Kawparan
Kawpalut
Kaungmu
Kawkwreik
Lan Sang N.P.
Khao Chomphu
Mae Nam Ping
Wang Chao
Samo Khon
Khiri Mat
Bang Rakam
Phran Kratai
Lan Krabu
Bang Krathum
Khao Kho
Noen Maprang
Ban Tha Phon
MAWLAMYINE (MOULMEIN)
Kawbein
Kamphaeng Phet Historical Park
Kamphaeng Phet
Sam Ngam
Phichit
Sak Lek
Phetchabun
Kadonsil
Kawsaing
Mulayit Taung
Khlong Wang Chao Nat. Park
Nong Chok
Khon
Dan Chang
Chumnum
Mudon
Kada
Towku
Ban Ta Marue
Pho Phathap Chang
Taphan Hin
Huai Na
Khlong Lan
Khlong Lan Nat. Park
Khao Kha Khaeng
Khlong Khlung Res.
Khlong Khlung
Pho Thale
Bao Khao Sai
Chon Daen
Wettakhon
Kale
Wagaru
Kanu Woraluksaburi
Bang Mun Nak
Nong Phai
Um Phang
Mae Wong Nat. P.
Makha
Mae Wong Res.
Wang San
Thanbyuzayat
Taungbauk
Kyonga-won
Winyaw
Meteke
Khwahe
Banphot Phisai
Kao Lieo
Chumsaeng
Nong Bua
Bung Boraphet Wildl. Pres.
Bung Boraphet
Khlong Pho Res.
Lat Yao
NAKHON SAWAN
Chalom Nae
Bung Sam
Wekame
Maßstab 1:2.000.000
0
40 km
Krok Phra

UNVERGESSLICHE EINDRÜCKE

Die Nordprovinzen des Königreiches bieten unvergessliche kulturelle und landschaftliche Eindrücke, sind mit möglichen Abenteuern reich gesegnet und haben ein Klima, das auch von Europäern als außerordentlich angenehm empfunden wird.

1 Chiang Mai

Die Stadt der Tempel, Märkte und des Kunsthandwerks ist mit ihren Universitäten die Kulturmetropole des Nordens. Gegründet wurde sie 1296 von König Mengrai als Residenz des Thai-Königreiches Lan Na, dessen Name – »Land der Millionen Reisfelder« – auf seinen Wohlstand verweist. Während der Blütezeit im 15. Jh. umfasste es große Teile des heutigen Myanmar und von Laos, und Chiang Mai war eines der Macht- und auch Kulturzentren in Indochina. Die Kriege mit dem Thai-Königreich Ayutthaya zehrten das Land zunehmend aus – 1556 wurde es von Burma unterworfen. Erst 1774 konnte König Thaksin Lan Na als Vasallenstaat dem Königreich Siam einverleiben. Den Anschluss an die Neuzeit fand Chiang Mai, heute zweitbedeutendste Stadt des Landes (200 000 Einw.), 1919 durch die Eisenbahnverbindung mit Bangkok und lukrativen Handel mit Holz aus den Teakwäldern des Nordens.

SEHENSWERT

Alle Hauptsehenswürdigkeiten liegen im Innern der komplett von einem Wassergraben sowie teils noch von Befestigungswällen umgebenen **Altstadt**, ein gut 2 km² bedeckendes Quadrat. Herausragend ist der 1345 errichtete Tempelkomplex **Wat Phra Singh** (Thanon Singarat, tgl. 7.30–18.00 Uhr) mit seinen kunstvoll verzierten Gebäuden und weiten Grünflächen; eindrucksvoll ist der aus Teakholz errichtete Mondhop, eines der am besten erhaltenen Beispiele klassisch-thailändischer Architektur. Der **Wat Chiang Man** (Thanon Ratchapgakinkai; tgl. 7.00–18.00 Uhr), von König Mengrai als Residenz errichtet, ist ältester Tempel der Stadt; herausragend sind die Teakholzschnitzereien.

MUSEEN

Bedeutendstes Museum der Stadt ist das **Chiang Mai National Museum**, der Kunst- und Kulturgeschichte des La-Na-Reiches gewidmet (Thanon Chiang Mai-Lampang; Mi.–So. 9.00–16.00 Uhr). Das rund 3 km außerhalb am Highway 107 gelegene **Tribal Museum of Chiang Mai** informiert anschaulich über Leben und Kultur der Bergvölker des Nordens und ist in seiner Art einzigartig in Thailand

Im Uhrzeigersinn von oben links: Mönche im Tempel Wat Phra Singh in Chiang Mai, am Wat Phra That Doi Suthep bei Chiang Mai, im Chiang Mai Cultural Center.

(Ratchamangkla Park, Thanon Chang Puak; Mo.–Fr. 8.30–12.00 und 13.00–16.00 Uhr).

VERANSTALTUNG

Das **Flower Festival** (3 Tage im Febr.) ist die bedeutendste Festivität der Stadt.

ERLEBEN

In Chiang Mai findet sich eine unüberschaubare Zahl an Agenturen, die **Hilltribe-Trekking-Touren** anbieten; Empfehlungen beim Touristenbüro. Im **Ultraleichtflieger** oder **Heißluftballon** über Chiang Mai dahinzugleiten, ist ein großes Erlebnis (Tel. 053 255 588, www.skyadventures.info und Tel. 08 19 936 861, www.balloonadventurethailand.com). Wer sich für **Kochkurse** interessiert, ist in der Chiang Mai Thai Cookery School gut aufgehoben (47/2 Thanon Moo Muang, Tel. 053 206 388, auf Facebook).

EINKAUFEN

Chiang Mai ist nach Bangkok größtes Shopping-Paradies des Landes und der **Night Bazaar** **TOPZIEL**, auf dem Kunsthandwerk und alles nur mögliche in verwirrender Vielfalt verkauft wird, eine Sehenswürdigkeit für sich (Thanon Chang Klan; tgl. 17.00–24.00 Uhr).

HOTELS UND RESTAURANTS

Im historischen Zentrum ist das **€ € € € Tamarind Village** eine Oase der Ruhe (50/1 Thanon Rajdamnoen, Chiang Mai 50200, Tel. 053 418 896, www.tamarindvillage.com, s. S. 21).
Die gehobene Mittelklasse repräsentiert das **€ € € Rimping Village** beim Night Bazaar (13/1 Soi 2, Thanon Chiangmai-Lamphun, Tel. 053 243 915, www.rimpingvillage.com).
Das **€ € € € Rachamankha** ist die beste Adresse der Stadt für nordthailändische Küche

(6 Thanon Rachamankha, Tel. 053 904 111, www.rachamankha.com; tgl. 11.30–14.00 und 18.00–22.00 Uhr).

UMGEBUNG
Der 15 km westl. gelegene **Wat Phra That Doi Suthep** (Urspr. 14. Jh.) gilt mit seinen Buddha-Reliquien als der Tempel des Nordens, und das mit phantastischer Aussicht (Thanon Huai Kaeo; tgl. 7.00–18.00 Uhr). Lohnend ist eine Fahrt ins 30 km nördl. gelegene **Mae Sa Valley**, das u. a. Orchideenfarmen, Elefantencamps, Wasserfälle, einen botanischen Garten und malerische Landschaft bietet.
Stoppover auf dem Weg nach Chiang Mai ist **Lampang** und in kultureller Hinsicht der Besuch des **Wat Phra That Lampang Luang** (18 km südw.) Pflicht: Mit reich beschnitzten Teakholzbauten gilt die wohl im 7. Jh. gegründete Tempelburg (überw. 15. und 16. Jh.) als eine der schönsten des Landes. Das 30 km nordw. bei Hang Chat gelegene **National Elephant Institute** ist nicht nur in Thailand einzigartig (Thai Elephant Conservation Center, Tel. 054 829 322, https://thailandelephant.org).

INFORMATION
Tourism Authority of Thailand, 105/1 Thanon Chiang Mai-Lamphun, Chiang Mai 50000, Tel. 053 248 604, www.visitchiangmai.com. Informationen auch auf www.chiangmaicity life.com und www.1stopchiangmai.com

❷ Mae Hong Son

Hauptattraktion der »Stadt des Nebels« sind reich geschmückte Tempel sowie ein reizvolles Umland. Urspr. (um 1840) war Mae Hong Son Elefanten- und Holzfällercamp. Vor wenigen Jahrzehnten kam der Anschluss an das 20. Jh. Heute ist Tourismus eine wichtige Einnahmequelle der Provinzstadt (ca. 9000 Einw.).

SEHENSWERT
Die burmesischen Einflüsse finden ihren schönsten Ausdruck in der Tempelarchitektur

Tipp

Kunsthandwerk satt

Der aus Chiang Mai nach Osten herausführende Highway 1317 (1006) genießt den Spitznamen »Straße der Kunsthandwerker«. Zahllose Werkstätten und Verkaufsläden bieten eine unfassbare Auswahl. Ab km 3 laden vor allem Schmuckgeschäfte zu Besichtigungen ein, von km 4 bis km 7 dreht sich das meiste um eindrucksvolle Lackarbeiten und Holzschnitzereien, es folgen Töpfereien und auch Werkstätten für Seidenschirme, und bei km 12, bei San Kamphaeng, hat dann schließlich die Textilindustrie ihr Zentrum.

Goldener Buddha im Golden Triangle Park (oben links). Straßenmarkt in Mae Salong (oben rechts). Am anderen Ufer liegt Laos: Mekong am Dreiländereck (unten rechts).

des **Wat Chong Klang, Wat Chong Kam** und des **Wat Phra That** (jeweils tgl. 7–18 Uhr).

ERLEBEN
Trekking- und Rafting-Touren sind *die* Aktivangebote; Touristenbüro und Unterkünfte informieren über Veranstalter.

HOTEL
Naturnahes komfortables Wohnen bietet etwas außerhalb das **€ € € / € € Fern Resort** (64 Moo 10 Ban Hua Nam Mae Sakut, Mae Hong Son 58000, Tel. 09 33 148 222, www.fernresort.info).

UMGEBUNG
Von den Dutzenden Naturschönheiten des Umlandes ist die **Tham-Lot-Tropfsteinhöhle** die bedeutendste. Sie liegt am Weg nach Pai bei Soppong (tgl. 8.00–18.00 Uhr). Wo der durch die Höhle fließende Fluss austritt, klafft eine monumentale Grotte, in die zur Zeit des Sonnenuntergangs Myriaden von Schwalben ein- und Myriaden von Fledermäusen ausschwärmen – ein einzigartiges Erlebnis!

INFORMATION
Tourism Authority of Thailand, 4 Thanon Ratchathamphithak, Mae Hong Son 58000, Tel. 053 612 982, www.tourismthailand.org. Gut auch www.maehongsonholidays.com

❸ Pai

Das in einem Flusstal im Saum waldgrüner Berge gelegene Pai ist eines der Hauptzentren des Hilltribe Trekking-Tourismus. Trotz geringer Größe (2500 Einw.) ist die Infrastruktur überbordend, und wer eine aktive Ader hat oder das Partyleben liebt, wird sich hier wohl fühlen.

ERLEBEN
Dutzende Büros offerieren Trekkingtouren und Elefantenritte, Rafting-, Mountainbike-, Jeep- und Kajak-Abenteuer.

HOTELS
Unzählige Unterkünfte laden ein – an Mittelklassehotels herrscht kein Mangel. Für Komfort zu relativ günstigen Preisen empfiehlt sich das **€ € € Baan Krating Pai Resort**, dessen moderne wie traditionelle Bungalows herrliche Blicke bieten (119 Moo 2, Mae Hong Son 58130, Tel. 053 698 255, www.baankrating.com/Pai).

UMGEBUNG
In den an der Straße nach Chiang Mai gelegenen Quellen von **Pong Duet** (90–99 °C) könnte man Eier kochen, in anderen Pools ein warmes Bad einnehmen – hin geht es am schönsten mit dem Fahrrad, überall in Pai auszuleihen.

INFORMATION
U. a. informiert die Internetseite www.saltinourhair.com/thailand/pai

❹ Mae Salong

Südchina in Thailand – hier ist es in Vollendung zu erleben, denn der auf einem 1350 m hohen Bergkamm gelegene Ort wird nahezu ausschließlich von Chinesen bewohnt. Die von den Thais Santi Khiri genannte Stadt (1200 Einw.) wurde in den späten 1950er-Jahren von Soldaten des 93. Kuomintang-Regimentes gegründet, die vor Mao Tse-Tung aus China geflohen waren. In den ersten Jahren als »Grenzwächter« willkommen, begannen die Kuomintang-Chinesen Opium anzupflanzen und kontrollierten im Handumdrehen den gesamten Opium-Anbau im Goldenen Dreieck. Das ist längst Vergangenheit, heute sind Teeanbau, Handel und Tourismus die wirtschaftlichen Eckpfeiler der Region.

SEHENSWERT
Sehenswürdigkeiten im klassischen Sinn gibt es nicht, der **schön gelegene Ort** stellt sich als eine einzige Sehenswürdigkeit vor. Frühaufsteher besuchen den bunten Morgenmarkt (tgl. 5.30–7.00 Uhr im Ortszentrum); Angehörige der Bergvölker bieten auch Kunsthandwerk an.

ERLEBEN
Die **Sonnenauf- und -untergänge** von Mae Salong genießen geradezu Kultstatus.

Besuchenswert sind auch die im Umland gelegenen Dörfer der Bergvölker, die man auf **Wanderungen** erreicht (Kartenskizzen in Restaurants und den Unterkünften).

5 Chiang Rai

Das »Tor zum Goldenen Dreieck« ist Ausgangspunkt auch von Treks zu den Bergvölkern. Gegründet 1262 von König Mengrai, ist die Stadt (78 000 Einw.) älter als Chiang Mai, hat aber in kultureller Hinsicht weniger zu bieten.

MUSEUM
Das **Hilltribe Museum and Handicraft Centre** gibt einen Überblick über die Bergvölker des Nordens, ein Diavortrag lädt ein, und auch hier kann man Trekking-Touren zu den Bergvölkern buchen (620/25 Thanon Thanalai, www.pdacr.org; Mo.–Fr. 8.30 bis 17.00 Uhr).

ERLEBEN
Jeden Sa. ab 17.00 Uhr ist das innere Stadtzentrum **Night Bazaar** mit Schaustellern, Verkaufs- und Essensständen – dieser Nachtmarkt gilt als besuchenswerter als der Chiang Mais.

HOTEL
Wenn es die Reisekasse ermöglicht, sollte man sich zumindest eine Nacht im **€€€€ / €€€ Legend Chiang Rai** gönnen (124/15 Moo 21 Thanon Kohloy, Chiang Rai 57000, Tel. 053 910 400, www.thelegend-chiangrai.com).

INFORMATION
U. a. informieren die Internetseiten https://chiangraiprovince.org und https://wikitravel.org/de/Chiang_Rai

6 Das Goldene Dreieck

Das Dreiländereck Thailand, Myanmar und Laos ist Touristenmagnet des Nordens nach Chiang Mai. Man besucht es am entspanntesten vom nur durch den schmalen Maenam Sai von Myanmar getrennten Mae Sai (27 000 Einw.) aus oder von Chian Saen (42 000 Einw.).

SEHENSWERT
Meistfotografiertes Objekt im Norden ist das direkt am Dreiländereck aufgestellte **Tor zum Goldenen Dreieck**. Westl. von Mae Sai bietet der 1480 m hohe Doi Tung ein schönes Panorama der »Thailändischen Schweiz«. 10 km nordw. von Chiang Saen liegt der Golden Triangle Park, dessen Zentrum von der **Hall of Opium** gebildet wird, einem Museum zum Thema Opium (Di.–So. 8.30–15.30 Uhr).

ERLEBEN
Eine **Bootsfahrt** auf dem Mekong ins Grenzgebiet ist eindrucksvoll; am Dreiländereck kann man Boote mit Skipper mieten. Chiang Saen ist Ausgangspunkt für Mekong-Flussfahrten bis ins 1,5 Std. entfernte Chiang Khong oder nach Laos (Visumpflicht).

JA NATÜR LICH

BESUCH BEI BERGVÖLKERN

Hilltribe-Trekkingtouren – zu Deutsch Wanderungen zu den Bergvölkern – erfreuen sich im Norden Thailands seit Jahrzehnten größter Beliebtheit. Es gibt sie in vielen Schwierigkeitsgraden und Komfortstufen. Einen näheren Einblick in das Leben der zahlreichen Ethnien, die in dieser Berg- und Waldregion zu Hause sind, kann man nicht bekommen.

Allein in Chiang Mai werben Dutzende Trekking-Agenturen mit Hochglanzbroschüren um Touristen, doch wo viel Licht ist, fällt auch viel Schatten, und so sollte man vor einer Entscheidung die Leistungen sowie Preise vergleichen und auch sicherstellen, dass die (lizenzierten) Führer über gute Kenntnisse nicht nur des Deutschen oder Englischen, sondern auch der Bergvölker-Sprachen verfügen. Gute Trekking-Organisationen gehen nie mit mehr als etwa 6 bis 8 Teilnehmern – je kleiner eine Gruppe desto besser –, und es ist eine Frage des persönlichen Geschmacks (oder der Kondition), ob man reine Wandertouren bevorzugt (die Fußmärsche dauern etwa 4 bis 6 Std./Tag) oder Wander-Elefanten-Floß-Kombinationen.

Die Landschaft ist stark hügelig, aber nicht gebirgig, mal geht es über Reisfelder, mal durch Monsunwald oder Bambushaine, und seine Ausrüstung trägt man in der Regel selbst – was aber auch anders abgesprochen werden kann. Die Agenturen bieten Listen, was man mitnehmen sollte. Geschlafen wird meist in Hütten auf Bambusböden, und für die Mahlzeiten ist der Führer zuständig.

Standardtouren dauern 1 bis 4 Tage, **Trekkingagenturen** finden sich außer in Chiang Mai auch in Chiang Rai und in Pai. Die meisten sind deutlich profitorientiert – wer sicherstellen will, dass auch die besuchten Bergvölker partizipieren, sollte mit **Trekking with the Hilltribes** wandern, einer Unterorganisation der Hilltribe-eigenen Mirror Foundation. Deren Website **https://themirrorfoundation.org** informiert ausführlich über Trekking.

Auf dem Mae Nam Ping bei Chiang Dao.

RESTAURANT
RESTAURANT
DOLPHIN

Ostthailand

*

LAND DER KONTRASTE

*

Der Osten Thailands hat zwei Gesichter: das vom Mekong umschlossene vegetationsarme Hochplateau im Nordosten und das exotische Tropenparadies am Golf von Thailand im Südosten. Für den Reisenden haben beide Regionen ihren Reiz: Steht die Riviera am Golf für Sonne, Strand und Spaß, verweisen die Zeitzeugen des Binnenlandes auf uralte Hochkulturen.

Bei aller Urbanität gelingt es Pattaya immer noch gut, Urlaubsstimmung aufkommen zu lassen.

Im Zentrum ist das »alte« Pattaya noch sehr lebendig – zu dem auch die Travestieshows des renommierten »Alcazar« gehören (oben links, unten links und unten rechts) – ebenso wie die großartige Underwater World (oben rechts). Den mehr als 2500 Tieren dort kann man im mehr als 100 Meter langen Acrylglastunnel nahe kommen.

Zu den attraktiven Showeinlagen am Strand gehören auch kunstvoll geschwungene Feuer-Pois.

»ALLE MENSCHEN SIND KLUG. DIE EINEN VORHER, DIE ANDEREN NACHHER.«

Thailändische Volksweisheit

Dass sich Bangkoks Bevölkerung seit den 1970er-Jahren vervielfacht hat und die Stadt einen Wirtschaftsschub ohnegleichen erlebte, ist nicht zuletzt dem enormen Angebot billiger Arbeitskräfte aus dem Nordosten des Landes zu verdanken: Pak Isarn, wie die an Bodenschätzen arme und obendrein eher unfruchtbare, doch an Bevölkerung reiche Region genannt wird, ist das Armenhaus der Nation und verdeutlicht beispielhaft die Dringlichkeit von Sozialreformen, die nirgends sonst im Königreich lauter gefordert werden als hier. Entsprechend viele Hilfsprojekte wurden in der Vergangenheit angeregt, und das Errichten von Staudämmen und die Ansiedlung vor allem arbeitsintensiver Industrien waren Meilensteine im Kampf gegen die nur zögernd zurückgehende Abwanderung.

AUS URALTER ZEIT

Das wirtschaftliche Zentrum des Nordostens ist heute die Stadt Nakhon Ratchasima, deren Ursprünge bis ins 8. Jahrhundert zurückgehen, als der gesamte Großraum für rund sechs Jahrhunderte unter den Einfluss der kunstfertigen und landwirtschaftlich sehr geschickten, aber andererseits auch sehr kriegerischen Khmer geriet. Das weltweit berühmteste Zeugnis dieses sinotibetischen Volkes ist die im heutigen Kambodscha gelegene hinduistische Tempelanlage von Angkor, die durch eine befestigte Steinstraße mit ihrer Schwesterstadt Phimai verbunden war – das besterhaltene Beispiel der hochstehenden Khmer-Architektur auf thailändischem Boden und als »Angkor Wat Thailands« berühmt. Weitere Tempelanlagen der Khmer liegen im Umfeld von Nakhon Ratchasima, und sie alle sind fester Bestandteil jeder geführten Kulturreise durch Thailand. Das Gleiche gilt auch für die am Weg zum Mekong gelegene Nekropole Ban Chiang, die erst 1966 entdeckt wurde und nun als Welterbe der UNESCO geschützt wird. Bei Grabungen kamen jahrtausendealte Keramikfunde zutage, die darauf hinzuweisen scheinen, dass sich hier eine der ältesten bekannten Zivilisationen der Erde überhaupt entwickelt hatte.

AM GROßEN STROM

Die kleine Ortschaft hingegen, die der Ausgrabungsstätte ihren Namen gab, steht beispielhaft für das traditionelle Leben in einem Isarn-Dorf, und wer den stark von laotischer Kultur geprägten nördlichen Isarn intensiver und auch von seiner wirklich schönen Landschafts-

Wenn die Sonne zum Horizont hinabsinkt, gehört der White Sand Beach von Ko Chang nicht mehr den Flaneuren (unten links), sondern den Sportsfreunden für ein kleines Fußballmatch (oben rechts) – bevor das Dinner ins »Buri Resort« ruft (unten rechts).

seite aus genießen will, der sollte von Ban Chiang aus die nahe Grenzstadt Nong Khai besuchen, die nur rund 24 Kilometer von Vientiane entfernt ist, der aufgrund ihrer Kolonialgeschichte französisch angehauchten Metropole von Laos.

GRANDIOSE AUSBLICKE

Die im Jahr 1994 eingeweihte Freundschaftsbrücke weist den Weg hinüber ins »Paris des Ostens«, doch ist es zumindest in landschaftlicher Hinsicht spannender, dem in Nong Khai nach

DER MEKONG, DIE »LEBENSADER« SÜDOSTASIENS, ENTSPRINGT IM HOCHLAND TIBETS.

Westen abzweigenden Highway 211 zu folgen, der für rund 200 Kilometer flussaufwärts am Südufer des Mekong verläuft. Die Straße führt oft direkt am großen Strom entlang und besticht ein um das andere Mal mit grandiosen Ausblicken über das bis zu zwei Kilometer breite Flussbett, aus dem zur Trockenzeit Abertausende Inseln auftauchen und das auf der laotischen Seite oft noch von Primärwald eingefasst ist. Dann wendet sich der Highway südwärts, dem Phu Kradung National Park zu, und wer hinaufsteigt auf das Hochplateau dieses Schutzgebietes, der wird kaum verstehen, warum es oft heißt, der Nordosten sei arm an natürlicher Schönheit.

DIE RIVIERA THAILANDS

Relativ selten besucht wird er, und diesem touristischen »Niemandsland« diametral gegenüber steht die östliche Golfküste, die – zumindest was Pattaya angeht – als »Vielmannsland« schon seit nahezu 50 Jahren am internationalen Tourismus partizipiert. Seit den frühen 1960er-Jahren nämlich, als Thailand während des Vietnamkrieges den Vereinigten Staaten als »Flugzeugträger« diente,

Für Thailands Tiger wird der Lebensraum immer knapper – wild lebende Tiere sind noch im Khao Yai National Park zu finden.

Auch Affen und herrlich blühende Rhododendrengewächse gehören zur faszinierenden Welt des Khao Yai National Parks.

Der Khao Yai National Park ist ein Wanderparadies mit ausgezeichneten Wegen für alle, die sich ein eigenes Bild von Thailands Flora und Fauna machen möchten.

wurden in ständigem Pendelverkehr vom Kampf Erholung suchende GIs zum »kuren und huren« nach Pattaya eingeflogen. Damit setzte für den bis dahin so beschaulichen Fischerort eine sprunghafte Entwicklung ein, die bald schon von vorwiegend männlichen Touristen aller Nationen getragen wurde und erst nach dem Bekanntwerden der ersten Aids-Fälle in Thailand etwas abflachte.

Diese Zeiten haben sich längst geändert, und sogar das seinerzeit von Abwässern stark beeinträchtigte Meer ist wieder so, wie es einst von den US-Boys geschätzt wurde – denen man im Stillen doch ein bisschen nachtrauert, weil ihnen die Dollars so wunderbar locker saßen. Der zweifelhafte Ruf dieses eher hektischen, urbanen Ferienzentrums aber ist geblieben, auch wenn hier heute eine dichte Sammlung touristischer Attraktionen gerade Familien ansprechen will. Dennoch, wem der Sinn nach einem Badeparadies steht, sollte die von Hochhäusern gesäumten Strände Pattayas hinter sich lassen und Richtung Südosten fahren.

FÜR DIE SCHÖNEN UND REICHEN DER WELT

Devisenstarke Urlauber hatte der damalige Ministerpräsident Thaksin Shinawatra im Auge, als er das Vorhaben präsentierte, die nahe der kambodschanischen Grenze gelegene Insel Ko Chang, die »Elefanteninsel«, von einem von Regenwald bestimmten Archipel in ein Refugium für die Schönen und Reichen dieser Welt verwandeln zu wollen.

In der Folge ging es rasant bergauf mit dieser »karibisch« schönen, flächenmäßig zweitgrößten Insel des Königreiches, und wenn auch die Rechnung des heute in Dubai im Exil lebenden Multimilliardärs nicht aufging, so gehört doch die beschauliche Zeit dieses in Globetrotter-Kreisen noch unlängst als ein Geheimtipp gehandelten Strand- und Urwald-Paradieses samt seiner insgesamt 51 Nachbarinseln nun wohl unwiederbringlich der Vergangenheit an.

Weltreligion Buddhismus

VOM RECHTEN HANDELN

Die sprichwörtliche Toleranz und Lebensfreude der Thailänder ist ein sichtbarer Ausdruck der Staatsreligion Buddhismus, die das ganze Land prägt. Seit Jahrhunderten ist diese dogmenfreie Lehrtradition fest im Königreich verankert und auch heute kaum von Säkularisierung bedroht.

In keinem anderen Bereich werden die geistigen Beziehungen Thailands zu Indien offensichtlicher als im Buddhismus, dessen Geschichte um 560 vor Christus begann, als in Kapilavastu, im Süden des heutigen Nepal, Prinz Siddhartha Gautama geboren wurde und in allem erdenklichen Luxus aufwuchs. Die Schattenseiten des Lebens blieben ausgesperrt – bis ihm vier Gottheiten in Gestalt eines Greises, eines Kranken, eines Toten und eines Asketen erschienen. Verzweifelt über das ihm bis dahin unbekannte Leid der Welt und voller Sehnsucht danach, die Wahrheit zu finden und die Ursache für all das Leid der Menschheit, verließ er im Alter von 29 Jahren seine Frau, seinen neugeborenen Sohn und das väterliche Reich. Sieben Jahre zog er auf der Suche nach religiöser Einsicht umher, bevor er erleuchtet wurde.

URSACHE UND WIRKUNG

Buddha, das heißt der Erwachte oder auch der Erleuchtete, erblickte den ewigen Kreislauf, in dem alle Wesen geboren werden, sterben und von Neuem geboren werden. Er erkannte, dass alle Erscheinungen auf der Welt miteinander verflochten und vergänglich sind, demzufolge also keine unveränderlichen Dinge existieren. Das gesamte Erdenleben ist ein Wechselspiel von in Abhängigkeit stehender Einzelfaktoren, die nicht zufällig sind, sondern dem Weltgesetz Dharma unterliegen. Es manifestiert sich in der natürlichen Ordnung, im Lauf der Flüsse und der Bahn der Sterne ebenso wie in der sittlichen Ordnung. Der Lehre Buddhas zufolge ist das Leben ein Strom von Daseinsfaktoren, die dem Karma, dem Gesetz von Ursache und Wirkung, unterliegen. Dieser Strom wird auch vom Tod nicht unterbrochen, weil die geistigen, moralischen und natürlichen Kräfte weiterwirken. Sie sammeln sich in einem neuen Individuum, dessen Leben gemäß dem Karma nach den guten und bösen Taten und Gedanken des Dahingeschiedenen ausgerichtet wird. So ist der Mensch, was er war, und wird sein, was er ist. Dabei ist Leben stets mit Leid verbunden, weil es vergänglich ist, keinen Bestand hat und wie das Ego selbst nichts als Illusion sein kann.

DIE VIER EDLEN WAHRHEITEN

Diese Erkenntnis wird als die erste der Vier Edlen Wahrheiten bezeichnet, die den Kern der buddhistischen Lehre bilden. Die zweite Edle Wahrheit erklärt die Ursachen des Leidens – Gier, Hass und Verblendung –, während die dritte Edle Wahrheit aufzeigt, dass die Aufhebung des Leidens nur möglich ist, wenn man sich von allen Begierden befreit. Die vierte Edle Wahrheit schließlich beschreibt den Edlen Achtfachen Pfad, der zur Beendigung des Leidens führt. Er basiert auf rechter Erkenntnis, rechter Gesinnung, rechtem Reden, rechtem Handeln, rechtem Leben, rechtem Streben, rechter Aufmerksamkeit und rechtem Sich-Versenken.

BUDDHISMUS HEUTE

So ist der Buddhismus eigentlich weniger eine Religion als vielmehr eine Weisheitslehre, eine Weltanschauung. Weil er keine Verbote aufstellt, sondern nur Empfehlungen, also Weghilfen, gibt, ist er wahrscheinlich so wenig von Säkularisierung bedroht in diesem durch und durch buddhistisch geprägten Land, in dem sich rund 95 Prozent der Bevölkerung zum Buddhismus bekennen. Die rund 300 000 Mönche in mehr als 25 000 Klöstern kennzeichnen die Verankerung des Landes in der Religion. Auch die in Thailand so sprichwörtliche Präsenz von Harmonie und Friede, nebst Gleichmut und Geduld ebenso wie Lebensfreude entspringen direkt der buddhistischen Lehre.

Gläubige im Wat Phra That Doi Suthep bei Chiang Mai (oben). Blumengebinde und -kränze sind beliebte und überall angebotene Tempel-Opfergaben (unten).

Linke Seite: Liegender Buddha im Wat Po in Bangkok.

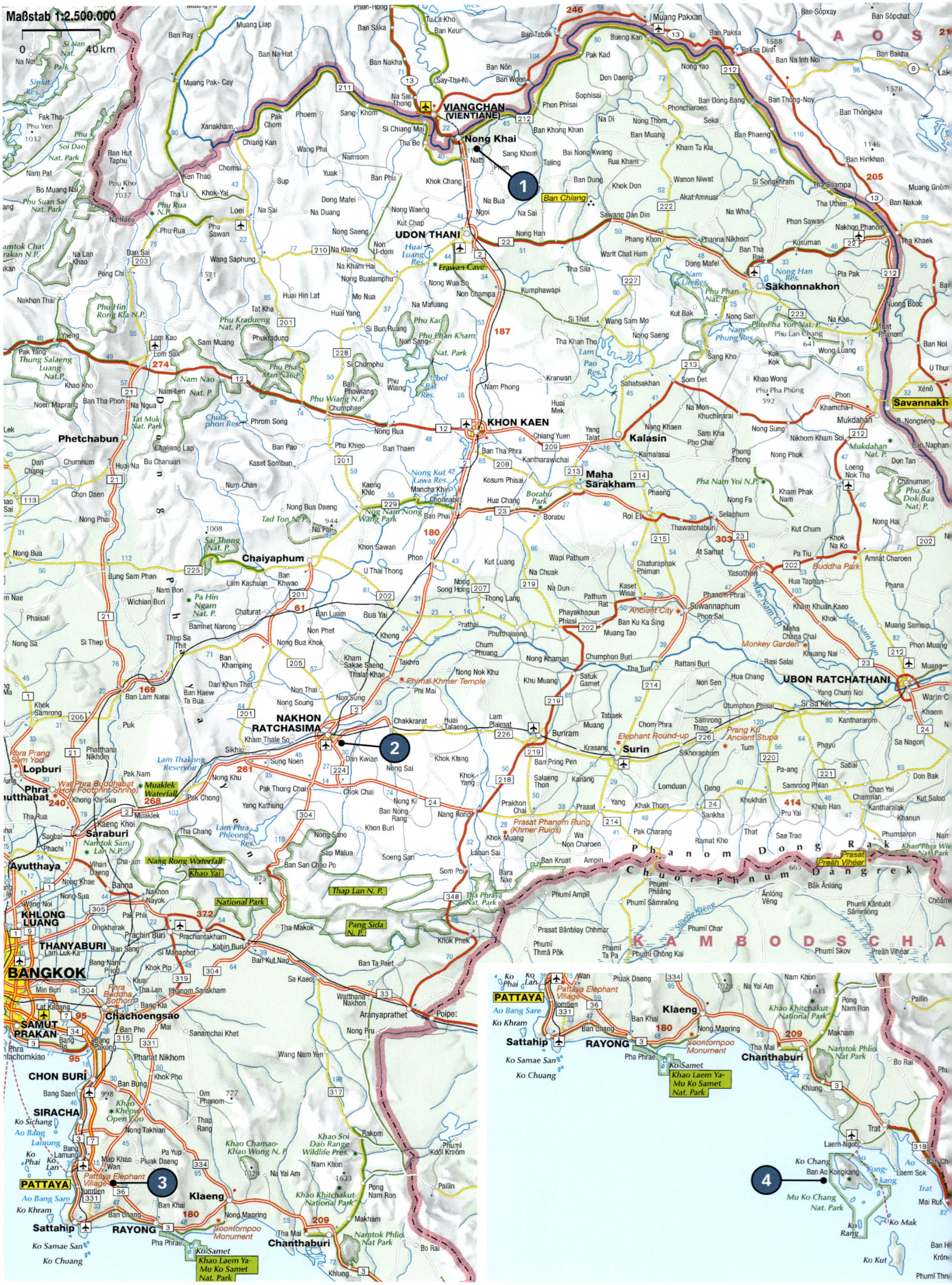
Maßstab 1:2.500.000
0
40 km
L A O S
VIANGCHAN (VIENTIANE)
Nong Khai
UDON THANI
Sakhonnakhon
KHON KAEN
Kalasin
Maha Sarakham
Phetchabun
Chaiyaphum
NAKHON RATCHASIMA
Buriram
Surin
UBON RATCHATHANI
Savannakh
Lopburi
Saraburi
Ayutthaya
KHLONG LUANG
THANYABURI
BANGKOK
SAMUT PRAKAN
Chachoengsao
CHON BURI
SIRACHA
PATTAYA
Sattahip
RAYONG
Klaeng
Chanthaburi
Trat
Phanom Dong Rak
Chuor Phnum Dangrek
KAMBODSCHA
1
2
3
4

ERLEBNIS-DREIKLANG

Die Küste am Golf von Thailand ist ein Badeparadies par excellence, während die Nationalparks des Binnenlandes ideal für Wanderer sind. Die Grenzfahrt entlang dem Mekong ist ein Ausblick ins Nachbarland Laos, im »Angkor Wat Thailands« ist Kambodscha nahe, und ein Besuch von Ban Chiang entführt in die Kindertage unserer Zivilisation.

❶ Nong Khai

Die Mekong-Stadt (63 000 Einw.) gegenüber Laos ist Ausgangspunkt für Entdeckungstouren ins ebenso naturschöne wie kulturreiche Umland. Aufgrund exponierter Lage war sie seit dem 14. Jh. oftmals Zankapfel zwischen Thais und Laoten, doch seit 1994 spannt sich die 1774 m lange Freundschaftsbrücke hinüber ins Nachbarland.

SEHENSWERT

Hauptsehenswürdigkeit der Stadt ist die Ende der 1970er-Jahre begonnene **Sala Kaew Ku** (auch Wat Khaek), 6 km östl. vom Zentrum am Highway 212, die sich als bizarrer Skulpturenpark voller hinduistisch-buddhistischer Bildsprache präsentiert (tgl. 8.00–18.00 Uhr).

ERLEBEN

Ein Gang über die neue Uferpromenade ist gerade zur Zeit des **Sonnenuntergangs** ein Erlebnis, das man auf Sunset Cruises auf dem Mekong noch steigern kann (tgl. ab 17.30 Uhr).

HOTEL UND RESTAURANTS

Das **€ € € / € Pantawee Hotel** besitzt moderne Zimmer verschiedener Komfortstufen (1049 Thanon Haisoke, Nong Khai 43000, Tel. 08 14 714 361, http://thailand.pantawee.com). Entlang der Uferstraße Thanon Rimkhong laden zahlreiche, teils **schwimmende Restaurants** zu »Thai- und Laosküche mit Blick« ein.

UMGEBUNG

Per Bus oder Zug ist es ein kurzes Stück bis zur südl. gelegenen Provinzmetropole Udon Thani, von wo es ein Leichtes ist, mit einem Mietwagen oder einem Sammeltaxi (Songthaew) das 50 km entfernte Dorf **Ban Chiang** und damit die auf der Welterbeliste der UNESCO stehende gleichnamige Nekropole zu erreichen (tgl. 8.00–16.00 Uhr). Tier- und Menschenknochen, Keramiksplitter sowie Werkzeuge finden sich hier an ihrem ursprünglichen Platz, doch die kostbarsten und bis zu 10 000 Jahre alten Funde sind im didaktisch gut gestalteten Ban-Chiang-Nationalmuseum ausgestellt (tgl. 9.00–16.00 Uhr).
Wer ein Thaivisum für mehrere Einreisen hat, kann von Nong Khai aus auch nach **Laos** einreisen (Visumpflicht, auch E-Visa) und dort das 24 km entfernte **Vientiane** besuchen. Die Fahrt entlang dem **Mekong-Ufer** TOPZIEL nach Chiang Khan und via Loei zum Phu Kradung National Park ist ein herausragendes Landschaftserlebnis.

Im Prasat Hin Phimai National Historical Park (oben links und oben rechts). Tropische Wildnis des Khao Yai National Park (unten rechts)

❷ Nakhon Ratchasima

Die Stadt ist idealer Ausgangspunkt zur Besichtigung der alten Khmer-Heiligtümer, hat selbst kaum Sehenswertes zu bieten und präsentiert sich mit über 280 000 Einw. (im Jahr 2000 waren es noch 150 000) als eine der am schnellsten wachsenden Städte des Landes.

EINKAUFEN

Das 35 km südl. von Nakhon Ratchasima am Highway 304 gelegene Städtchen Pak Thong Chai ist *das* Zentrum für **Seidenweberei**. In Dutzenden Geschäften kann man bei der Webarbeit zuschauen und natürlich auch auf Seiden-Shopping (Meterware) gehen.

HOTELS

Die Zimmer des mit Restaurants, Spa und Swimmingpool ausgestatteten **€ € € / € € Sima Thani Hotel** sind die besten der Stadt (2112/2 Thanon Mitraphap, Nakhon Ratchasima 30000, Tel. 044 213 100, www.simathani.com).
Beim Nationalparkamt des Khao Yai National Park stehen **€ Bungalows** zur Vermietung, auch zelten (Zeltverleih) ist möglich. Die komfortabelsten Unterkünfte finden sich an den Parkrändern; einen guten Gegenwert bietet das nur 3 km außerhalb vom Park gelegene **€ € Khao Yai Cottage** mit gepflegten Bungalows in verschiedenen Komfortstufen (888 Thanon Thanarat, Pak Chong, Tel. 819 196 771, auf Facebook, zu buchen über www.booking.com; auch Touren und Transferservice).

UMGEBUNG

Das mit öffentlichen Verkehrsmitteln ab Nakhon Ratchasima schnell erreichte **Phimai** (nordöstl.) ist durch seine Tempelanlage als »Angkor Wat Thailands« berühmt. Sie bildet den **Prasat Hin Phimai National Historical Park** TOPZIEL, und in ihrer Architektur ist deutlich das hinduistisch-buddhistische Weltbild der Khmer zu erkennen; die Anlage wurde nach den vier Himmelsrichtungen ausgerichtet, alle Gebäude im Innern des 515 mal 1030 m messenden Komplexes gruppieren sich um das

Thaiboxen gehört zum Nachtleben (oben). Pattayas Sanctuary of the Truth, nach den Richtlinien der Thaiarchitektur des 17. Jh. erbaut (unten rechts).

zentrale Turmheiligtum (tgl. 9.00–16.00 Uhr). Die schönsten und feinsten gearbeiteten Werke der Khmer-Steinmetze sind im **Phimai National Museum** ausgestellt (Thanon Tha Songkran, Phimai; tgl. 9.00–16.00 Uhr).
Relativ selten von Touristen besucht, aber mindestens ebenso eindrucksvoll wie die Ruinen von Phimai sind diejenigen des 120 km östl. Richtung Kambodscha-Grenze gelegenen **Prasat Phanom Rung Historical Park**, die das größte Ruinenfeld Thailands aus der Khmerzeit bilden. Sie erheben sich spektakulär auf dem Gipfel eines aus der Ebene aufragenden erloschenen Vulkans. Monumentale Treppen führen hinauf, wo ein kleines Informationszentrum wartet (tgl. 9.00–16.00 Uhr).
Der **Khao Yai National Park** TOPZIEL (2168 km²), ältester und zweitgrößter Thailands, wird als UNESCO-Naturerbe gelistet und gilt als eines der letzten Refugien für wild lebende Elefanten, Tiger, Leoparden und Bären, um nur einige der Dutzenden Säugetierarten zu nennen, die in den ausgedehnten Monsunwäldern des von Wanderwegen durchzogenen Schutzgebietes zu Hause sind. Auf der im Besucherzentrum am Parkeingang erhältlichen Karte sind alle Natur-Highlights aufgeführt, besuchenswert sind insbesondere die Wasserfälle, von denen der Nam Tok Haew Narok mit einer Fallhöhe von rund 80 m der höchste und spektakulärste, der nur 20 m hohe Nam Tok Haew Suwat hingegen der berühmteste ist, da er in dem Film »Der Strand« eine Rolle spielte. Auf der Karte sind auch die wichtigsten der größtenteils markierten Wanderwege verzeichnet, und das Besucherzentrum vermittelt Park Ranger als Wanderführer. Vogel- und Tier-Beobachtungstouren werden angeboten (beste Zeit Juli–Nov.); auch die zahlreichen Komfort-Unterkünfte am Parkrand organisieren Touren.

INFORMATION
Tourism Authority of Thailand, 2102-2104 Thanon Mitraphap, Nakhon Ratchasima 30000, Tel. 044 213 030. Informationen auch im Internet auf www.koratmagazine.in.th
Khao Yai National Park, 9 Amphur Pak Chong, Nakhon Ratchasima 30130, Tel. 08 60 926 529 und 08 60 926 531, www.thainationalparks.com und https://khaoyainationalpark.com/en

3 Pattaya

Über 20 Mio. Besucher 2023 machen das Ferienzentrum zum meistbesuchten Asiens – wer seinen Urlaub in einer Großstadt (rund 98 000 Einw.) verbringen will, ist hier richtig. In den 1960er-Jahren diente Pattaya US-amerikanischen Soldaten als Fronturlaubsort – es ging vor allem um »Sex & Drugs & Rock'n Roll«. Der Sex ist geblieben, auch wenn die Stadtväter heute alles daran setzen, Pattaya in einen »Premium-Touristenspot« zu verwandeln.

SEHENSWERT
Das seit 1981 im Bau befindliche **Sanctuary of the Truth** ist mit 105 m Höhe und 100 m Kantenlänge das größte je aus Holz errichtete Bauwerk der Welt. Der Anblick des an der Küste aufragenden und Skulpturen und Schnitzereien versehenen »Heiligtums der Wahrheit« ist einfach umwerfend (206/2 Moo 5, Thanon Naklua, https://sanctuaryoftruthmuseum.com; tgl. 8.00–20.30 Uhr). Zweite Großartigkeit Pattayas ist das Aquarium **Underwater World**, eines der größten in Asien (22/22 Moo 11, Thanon Sukhumvit, https://underwaterworldpattaya.com; tgl. 9.00–18.00 Uhr).

ERLEBEN
Das **Wassersport-Angebot** ist absolut umfassend, allein Dutzende Tauchzentren gibt es. Erstrangiger Nervenkitzel ist das Tauchen zu den Haien der Underwater World. Für Adrenalin satt stehen auch die Attraktionen des **Pattaya Parks**, eines an den Strand angrenzenden Vergnügungszentrums mit Bungee Tower Jump aus 107 m Höhe (345 Jomtien Beach, www.pattayapark.com; tgl. 10.00–19.00 Uhr).

HOTELS
Auch in Sachen Bettenzahl beeindruckt das »Mallorca des Ostens« – man kann wählen zwischen Zimmern ab etwa 15 bis zu 500 Euro oder auch mehr. Online-Buchungen machen es oft billiger, am günstigsten ist die Buchung eines Pauschalarrangements. Wer das Besondere sucht, aber nicht seine Reisekasse ruinieren will, sollte im **€ € € € / € € € Rabbit Resort** übernachten, das sich mit Villen und Thai Style Rooms, aufs Feinste eingerichtet, in einer großen Gartenanlage an den Strand anschmiegt und besten Gegenwert bietet (318/84 Moo 12, Soi Dongtan, Jomtien, Pattaya 20260, Tel. 038 251 730, https://rabbitresort.com).

NACHTLEBEN
Pattaya hat kein Rotlichtviertel, Pattaya ist ein Rotlichtviertel – nach Bangkok Asiens größtes. Aber auch anspruchsvollere Unterhaltung wird geboten – die Travestie-Shows, insbesondere die des **Alcazar** (Thanon Pattaya 2, www.alcazarthailand.com), sind die bekanntesten und qualitativ hochstehendsten des Kontinents. Die **Tiffany Show** (www.tiffany-show.co.th; tgl. um 16.30, 18.00, 19.30, 21.00 und 22.30 Uhr) ist schon seit über 40 Jahren »das« Transvestiten-Kabarett Pattayas.

UMGEBUNG
Von Pattaya ist es nur eine kurze Fahrt nach Ban Phe, dem Fährhafen zur Ferieninsel **Ko Samet**, die zwar nur 2,5 km² Fläche misst, aber mehrere Buchten mit kilometerlangen und teils bilderbuchschönen Stränden aufweist. Ein anderer Ausflug führt in die Provinzmetro-

Tipp

Am Puls der Thai-Kultur

Schlüsselelement eines Homestay-Aufenthaltes, also des Lebens bei einer Gastfamilie, ist der direkte Kontakt mit der einheimischen Bevölkerung. Ziel ist es, Einblicke ins Alltagsleben zu nehmen, die Touristen normalerweise verborgen bleiben, und so wohnt man nicht nur im Haus der Gastfamilie, nimmt teil an ihren Mahlzeiten, sondern geht auch mit zur Arbeit beispielsweise aufs Feld, erlebt örtliche Folkore und religiöse Zeremonien – lernt authentisches Leben in einem Dorf kennen. Die Organisation Isaan Discovery hat sich u.a. auf Homestay-Aufenthalte im Nordosten von Thailand spezialisiert, und dank mehrsprachiger Reiseführer, die mit auf Dorf-Tour gehen, gibt es auch keine Sprachprobleme.

INFORMATION
Isaan Discovery Travel, 311/15 Klang Muang Road, Khonkaen 40000,
Tel. 08 18 725 670,
www.thaitraveldreams.de

pole **Chantaburi**, die sich zum Edelstein-Shopping anbietet: Insbesondere an der Thanon Si Chan sowie Thanon Thetsaban finden sich dutzende Edelsteinschleifereien und Juweliere, die vor allem Saphire und Rubine lose oder bereits gefasst verkaufen.

INFORMATION
Tourism Authority of Thailand, 609 Mu 10, Thanon Pratamnak, Pattaya 20000, Tel. 038 427 667. Im Internet informiert u. a. www.pattayacity.com

4 Ko Chang

Wer sich das Paradies als eine Idylle aus schneeweißen Feinsandstränden an smaragdfarbenen Meeresbuchten, umkränzt von üppig wucherndem Urwald, vorstellt, kann es auf dieser zweitgrößten Insel Thailands finden. Sie ist als Marine National Park unter Schutz gestellt, wurde in den 1980er-Jahren von Globetrottern »entdeckt« und entwickelt sich seit 2001 zu einer gepflegten Resort-Insel.

ERLEBEN
Die Strände an der Westküste der rund 30 km langen, maximal 14 km breiten und bis über 740 m hohen Insel sind mit Abstand die schönsten. Als Vorzeigestrand gilt der **Hat Sai Khao** (»White Sand Beach«) mit idealen Bedingungen zum Baden und Schwimmen. Der südl. angrenzende **Hat Klong Prao** misst »nur« 6 km, ihm folgt der »Südseestrand« **Hat Kai Bae**, dem sich südl. kleine Sandbuchten anschließen, erschlossen durch die Insel-Rundstraße. In Sachen Aktivitäten dreht sich hier nahezu alles ums **Tauchen**; Tauchzentren finden sich an allen Stränden.

HOTELS
Das an einem Urwaldhang inmitten einer Gartenanlage errichtete **€ € € € Sylvan Koh Chang** deckt mit seinen Bungalows das Spektrum zwischen schlichtschön und sehr luxuriös ab (Hat Kai Bae, Tel. 039 552 888, https://sylvankohchang.com). Dem Tropenparadies am gerechtesten werden die mit Palmwedeln gedeckten und stets Meerblick bietenden Edelbungalows des **€ € € € / € € € Ban Pu Resort** (White Sand Beach, Ko Chang 23170, Tel. 025 303 596, www.banpuresort.com).

UMGEBUNG
Mit zum sich über 650 km² erstreckenden **Ko Chang Marine National Park** gehören 51 weitere Inseln, eine »südseehafter« als die andere, alle weniger erschlossen als Ko Chang. Als diejenige mit den schönsten Stränden gilt **Ko Mak**, größtmögliche Exklusivität gewährt die Privatinsel **Ko Kradat**, während **Ko Lao Liang** für seine Korallenriffe bekannt ist. **Ko Wai** und **Ko Kham** werden zurzeit noch als »Geheimtipp« gehandelt.

INFORMATION
auf den Internetseiten www.ko-chang.info und https://explorekohchang.com

DER NATUR AUF DER SPUR

Wer würde das vermuten: Morgentau auf grünen Wiesen, Eichen- und Ahornwälder zwischen Blumenmeeren und Rhododendren, Azaleen und weiten Grassavannen? Auf dem Plateau des Phu Kradung National Park präsentiert sich die Natur in kontraststarken Erscheinungsformen, zu entdecken auf einfachen, ausgeschilderten Wanderungen.

Das 1350 m hoch gelegene, 62 km² große Hochplateau des Schutzgebietes wird vom Nationalparkzentrum aus von einem auch auf Englisch ausgeschilderten Wegnetz durchzogen. Die leicht zu begehenden Pfade führen u. a. zu acht Wasserfällen und zwei Seen, am populärsten sind die Wege zum »Sunset Cliff« sowie »Sunrise Cliff«, von denen aus man das prächtige Schauspiel der meist glutrot unter- bzw. aufgehenden Sonne über dem dunstverschleierten Tiefland genießen kann. Die sichtbare Tierwelt ist vor allem mit Rehen und Affen vertreten, und bis auf die Monate Juni–Okt., wenn der Monsun heftigste Niederschläge bringt und der Park geschlossen ist, hat hier jede Jahreszeit ihre Wunder: Nov. und Dez. sind von sattem Grün geprägt, im Jan. und Febr. erinnern Raureif und entlaubte Bäume durchaus an mitteleuropäische Breiten, im März und April erblühen die Blumen zu größter Pracht, während der Mai herbstliche Akzente setzt.

Der Aufstieg vom Straßenende aus zum Plateau hinauf nimmt etwa 3 Std. in Anspruch. Unterwegs wird man von fliegenden Händlern mit kühlen Getränken, Snacks und einfachen Speisen versorgt.

Busse verkehren ab Loei (140 km westl. von Udon Thani) im 45-Min.-Takt ins Dorf Ban Phu Kradung, von wo aus man mit Motorrad- und anderen Taxen zum Ausgangspunkt der Wanderung gelangt. Auf dem Plateau angekommen, sind es noch etwa 3,5 km Fußweg zum Hauptquartier des Parks, wo man in Bungalows oder Zelten übernachten und im angeschlossenen Restaurant essen kann (Phu Kradung National Park, Tel. 042 810 833, www.thainationalparks.com).

Auch vom »Lom Sak Cliff« im Phu Kradung National Park lässt sich der Sonnenuntergang wunderschön erleben.

Südthailand/Golfküste

*

FERIENPARADIESE AN DER GOLFKÜSTE

*

Wenige Kilometer südlich von Bangkok beginnt topografisch gesehen die Malaiische Halbinsel, deren Ostküste bis hinab zur rund 1500 Straßenkilometer entfernten Malaysiagrenze auf den Golf von Thailand blickt. An den Küsten dieses Pazifik-Randmeers geht es eher ruhig zu – die meisten Urlauber wollen an die Traumstrände der Golfinseln Ko Pha Ngnan, Ko Tao und Ko Samui.

Langschwanzboote, so genannt wegen ihrer weit herausragenden Schraubenwelle, am Sai-Ri-Strand von Ko Tao.

Nahe der Tapi-Mündung bei Surat Thani sind auch um Almosen bittende Mönche mit dem Boot unterwegs.

Songhkla, reizvoll auf einer Landzunge zwischen Golf und einer Lagune, gehört zu den abgelegenen Seebädern Thailands und hat wie alle Orte am Golf eine lange Fischertradition. Die bunten Boote reihen sich am Strand.

Dem Straßenporträtist in Hua Hin ist kein Motiv fremd.

Der Tapi bildet kurz vor seiner Mündung einen Binnenhafen für die Fischer von Surat Thani.

HUA HIN WAR IM FRÜHEN 20. JAHRHUNDERT DER LIEBLINGSBADEORT DER ARISTOKRATIE – VERSTÄNDLICH, WENN SICH DIE KÖNIGLICHE SOMMERRESIDENZ SCHON »PALAST FERN ALLER SORGEN« NENNEN DARF.

Mal angenommen, es gäbe nichts Besseres zu tun, als dem zur Autobahn ausgebauten Highway 4 oder der parallel verlaufenden Eisenbahnlinie von Bangkok aus bis nach Surat Thani hinunter, dem Fährhafen für die Golfinseln, in einem Stück zu folgen. Dann würde man rund 600 Kilometer lang das Meer mit seinen Stränden und das urwaldreiche Hinterland vor lauter Kokospalmen- und bald auch Kautschuk- und Ölbaumplantagen nicht sehen, denn die Schönheiten dieser Region Thailands erschließen sich nicht vom Bus- oder Zugfenster aus. Besser ist es, einen festen Standort zu wählen und von dort aus den gemächlichen Landstraßen den Vorzug zu geben, auch so manche Sackgasse zu nehmen, vielleicht aufs Fahrrad auszuweichen oder per pedes auf Entdeckungstour zu gehen.

EIN KÖNIGLICHER BADEORT

Hua Hin bietet sich dafür an, denn das älteste Seebad des Landes dient schon seit den 1930er-Jahren den Königen und ihren Familien als Feriendomizil und besitzt mit kilometerlangen Stränden unverändert hohe Beliebtheit als urbanes Ferienzentrum. Im Hinterland und entlang der Golfküste kann man großartige Landschaften und kulturelle Schätze entdecken. Beides vereint die zu Füßen steiler Kalksteinfelsen ausgebreitete Provinzmetropole Phetchaburi, von wo es nur ein kurzes Wegstück zur »grünen Hölle« des Kaeng Krachan National Park ist, dem flächenmäßig größten Urwaldrefugium des Königreiches. Die Regen- und Nebelwälder sind Heimat wilder Elefanten, Tiger, Leoparden, Bären und weiterer Tiere. Auch die Vogelvielfalt – über 400 Arten sind bekannt – ist beeindruckend, wenngleich der weiter südlich gelegene Khao Sam Roi Yot, der Nationalpark der »dreihundert Gipfel«, die thailandweit vermutlich größte Vogeldichte aufweist. Er umfasst Sandstrände ohne Fußspuren nebst bis über 600 Meter hohe Kalksteinfelsen, von Tropfstein-Labyrinthen durchzogen und von Mangrovenwäldern und Marschgebieten gesäumt, die zu den größten der Golfküste zählen.

DIE STRAND-SENSATION

Mit solchen Attraktionen kann die gut 30 Kilometer dem Festland vorgelagerte Insel Ko Samui nicht dienen – aber man kommt auch nicht hierher, um spektakuläre Landschaften und Kulturschätze zu bestaunen, sondern um Strände zu beliegen und unter dem Bann des einzigartigen Tropenzaubers dieser Palmenschönheit die Seele baumeln zu lassen. Friedvoll Ruhe erleben und neue Energie

Für Taucher und Schnorchler ist Ko Tao ein Paradies. In abgelegenen Buchten wie der Hin Wong lässt sich die Unterwasserwelt wunderbar erkunden.

tanken, das kann man im Golfbereich vielleicht an keiner anderen Stelle so gut wie auf diesem exotischen Eiland, das schön ist, wohin man auch blickt, und das nicht zuletzt von Menschen bewohnt wird, die noch lebensfroher sind, als man es den Festland-Thailändern nachsagt. »Wenn es ein Paradies gibt auf Erden, dann liegt es hier!«, bringen es die Prospekte auf einen Nenner und geben damit ausnahmsweise einmal eine Urlaubs-Realität wider, denn seit »Entdeckung« in den 1970er-Jahren durch Hippies hat Ko Samui wenig von seiner

DIE MONATLICHEN FULL-MOON-PARTYS SIND DIE GRÖẞTEN BEACH-HAPPENINGS DER WELT.

ursprünglichen Faszination verloren, auch wenn es mittlerweile von Millionen tropensüchtiger Urlauber besucht wird.

TIEFEN- UND PARTYRAUSCH

Auch die Klientel der beiden Nachbarinseln Ko Samuis ist süchtig – was Ko Pha Ngan betrifft, nach überschäumenden Festen und der Bambushüttenromantik längst vergangener Globetrotter-Tage oder, auf Ko Tao, nach filigranen Unterwasserwelten. Findet die Vielfalt der Korallenriffe des auch als »Ko Tauch« bekannten Eilandes im gesamten Golf von Thailand nicht ihresgleichen, so sind es die Mondphasen- und all die anderen Feste von Ko Pha Ngan, die Asiens Nonplusultra für meist junges Publikum bilden. Die Dank Luna allmonatlich wiederkehrenden Full-Moon-Partys tragen zu Recht den Titel des weltweit größten und bekanntesten Beach-Happenings, und in Spitzenzeiten werden über 40 000 Besucher gezählt, die sich zu allen Rhythmen dieser Welt am Strand von Hat Rin die Nacht um die Ohren tanzen. Beide Inseln und ihre nach Dutzenden zu zählenden Strände aber sind nach wie vor vom Zauber ursprünglicher Schönheit umweht, und auch, wer

Am Sai Ri Beach auf Koh Tao sind lauschige Hütten zu mieten.

Abkühlung nach einer heißen Nacht auf Ko Pha Ngan.

Das »Koh Tao Cabana Hotel« und die »Fizz Beach Bar« am Sai Ri Beach von Ko Tao.

»WENN ES EIN PARADIES GIBT AUF ERDEN, DANN LIEGT ES HIER!«

Thailändische Prospektweisheit

Der Ang Thong Marine National Park ist ein beliebtes Revier
für organisierte Ausflüge mit dem Seekajak.

Die Formen der rund gewaschenen Felsen Ko Samuis regen seit jeher
die Fantasie an: Blick von »Grandma« und »Grandpa« auf die See.

An seiner Nordwestspitze zeigt sich Ko Samui überaus felsig.

Kokospalme

Special

Das Geschenk der Natur

Als Symbol für Tropen und Exotik, für Fernweh und Urlaubsglück, gehört die Kokospalme zu Thailand wie Sonne, Strand und Meer. Für die Thais aber ist sie weit mehr.

Kokospalmen gedeihen problemlos wie Unkraut – in Feuchtgebieten ebenso wie am Strand im Einflussbereich des Salzwassers. Schon nach kurzer Zeit tragen sie Früchte – bis zu 180 Stück jährlich – und können bis zu 100 Jahre alt werden. Fast jeder Teil der bis über 30 Meter hoch aufragenden holzigen Pflanzen lässt sich verwenden. Der Stamm der Palme beispielsweise wird im Haus- und Schiffsbau eingesetzt, die Blätter dienen zum Dachdecken, und ihre Schößlinge geben ein gutes Gemüse ab. Am vielfältigsten nutzbar sind die bis zu fünf Kilogramm schweren Früchte. Die Nussschalen dienen als Brennmaterial, die Fasern werden zu Seilen und Matten, Körben, Teppichen und Hüten verarbeitet, und

das leicht mineralhaltige Kokoswasser ist ein ebenso wohlschmeckendes wie erfrischendes und nahrhaftes Getränk, das überdies zu Kokoswein vergoren werden kann. Das Fruchtfleisch dient als Ausgangsstoff zur Gewinnung von Kokosflocken, -fett und -öl, während die Kokosmilch – entstanden, indem Kokosfleisch mit heißem Wasser püriert und dann durch ein Tuch gepresst wurde – nicht nur der Piña Colada und anderen Cocktails ihren charakteristischen Geschmack verleiht, sondern gerade auch den so typischen thailändischen Currys.

nicht tauchen oder in Partyräusche verfallen will, kann hier sein ganz persönliches Paradies auf Erden finden.

SCHATTEN IM PARADIES

Wo es viel Licht gibt, ist auch viel Schatten, und sie werden in Thailand vor allem im tiefsten Süden geworfen, wo schlichte Moscheen die Tempel ablösen und ethnisch nicht mehr die Thais dominieren, sondern Malaien das Bild bestimmen. Erst Anfang des 20. Jahrhunderts wurden die Südwestprovinzen Yala, Pattani und Narathiwat fest ins Königreich Thailand integriert – und die Andersartigkeit der Menschen geflissentlich ignoriert. Nur ihre dunklere Hautfarbe und ihren Glauben übersah man nicht, und so wurden sie zu Thailändern zweiter Klasse, die auf diese Diskriminierung bald mit passivem Widerstand gegen die Obrigkeit reagierten. Erst in den späten 1980er-Jahren bemühte sich Bangkok um Verständigung, doch alle Erfolge wurden unter dem einstigen Ministerpräsidenten Thaksin Shinawatra zunichte gemacht, der als Gegner des Islam eine geradezu militante Thaiisierung der Region einleitete. Gewalttätige Ausschreitungen waren die Folge. Der 2005 ausgerufene Notstand ist bis heute gültig, unverändert halten die Unruhen an, weshalb man die Region besser meiden sollte.

Die schönsten Ausflüge

UNTERWEGS – ZU FUß, PER BOOT ODER AUF EINEM ELEFANTEN

Wenn das tägliche Bad im Meer oder Pool zum Alltag wird, dann kann sie kommen, die allseits gefürchtete Urlaubs-Langeweile. Doch in Thailand wachsen dagegen jede Menge Kräuter. Hier einige atemberaubende Vorschläge für Abwechslung im Urlaub.

1 Schwimmend ins Paradies

Die etwa 18 km² große Insel Ko Muk wird vor allem wegen der »Smaragdhöhle« besucht, die an der klippenreichen Westküste auf Höhe des Meeresspiegels klafft und ihren Namen den phantastischen Farbschattierungen des Wassers verdankt. Bei Ebbe – und vorzugsweise mit Schwimmweste und in Begleitung eines ortskundigen Führers – kann man sie durchschwimmen und findet sich nach rund 80 m in einer fels- und waldumkränzten Lagune mit traumhaftem Sandstrand wieder. Der Anblick ist unglaublich und entschädigt reichlich für das ungewohnte Schwimmerlebnis.

Tham Morakot, Ko Muk; im Rahmen von Bootsausflügen von Ko Lanta aus zu besuchen

2 Seekühen auf der Spur

Kontakt mit Meerjungfrauen erwünscht? Dann nichts wie nach Ko Libong, denn die Insel ist die Seekuh-Heimat in Thailand, und Seekühe sollen am Anfang des Mythos von den Meerjungfrauen stehen. Im Rahmen von Dugong Spotting Tours hat man gute Chancen, ein Exemplar dieser vom Aussterben bedrohten, bis zu drei Meter langen Säugetierspezies zu sehen, von denen thailandweit nur noch hier ein fester Stamm von geschätzten 100 bis 120 Exemplaren lebt – vor Australien gibt es zum Glück noch deutlich größere Bestände.

Ko Libong, Dugong Spotting Tour; zu buchen u. a. über Andalay Beach Resort, Tel. 09 50 858 899, http://andalayresort.com

3 Wasserwege durch den Urwald

Die vielfältigen Formen, in denen sich in Thailand die Tropennatur darbietet, verleihen jeder Reise einen ganz besonderen Zauber, und am zauberhaftesten ist vielleicht der fjordartig verzweigte Stausee Chiew Lan, der sich inmitten eines ursprünglichen Urwaldes ausbreitet und aus dem bis über 1000 m hohe Kalksteingiganten wie Skulpturen aufragen.

Chiew Lan, Khao Sok National Park; wird von den meisten Tourveranstaltern in Südthailand als Tagesausflug angeboten

6

5

3

4 Biking in Bangkok

Eine Radtour ist wohl das Letzte, was einem einfällt, wenn man an Bangkok denkt, und gäbe es nicht Recreational Bangkok Biking, hätte man auch kaum eine Chance, die verkehrsarmen Idyllen zu finden, die sich in den Tiefen der am Verkehr erstickenden Metropole verstecken. Neun Radtouren stehen auf dem Programm, und am eindrücklichsten und klimatisch auch angenehmsten ist wohl der Bangkok Sunset Ride, der durch die nächtliche Stadt zu illuminierten Tempelanlagen führt und sowohl in kultureller als auch kulinarischer Hinsicht ein Bangkok-Höhepunkt ist.

Recreational Bangkok Biking, Baan Sri Kung 350/123, Soi 71 Thanon Rama 3, Bangkok 10120, Tel. 021 072 500, http://thailandbiking.com

5 Elefanten hautnah

Elefantencamps gibt es in Thailand wie Sand am Meer. Es geht um Business, sonst nichts. Anders die Camps von Elephant Special Tours des Deutschen Bodo Förster, der sich der Nachhaltigkeit verschrieben hat. Auf seinen Elephant Trekking Tours, die es von einem bis zu 14 Tagen Dauer gibt, steht der Elefant im Vordergrund, nicht der Mensch, der hier erst einmal lernen muss, wie man mit diesem asiatischen Fünftonner überhaupt umgeht.

Elephant Special Tours, Bodo Jens Förster, Mae Sapok 47/3 Moo 5 Mae Win, Aumpher Mae Wang, Chiang Mai, Tel. 086 193 0377, www.elephant-tours.de

6 Nature Walks

Zwar ist Chiang Mai die unangefochtene Trekking-Hochburg Thailands, landschaftlich spannender und ethnisch interessanter ist jedoch das Gebiet zwischen Pai und Mae Hong Son weiter westlich Richtung Grenze zu Myanmar, wo sich die Natur noch vielfach ursprünglich wie am ersten Tag präsentiert und Wanderungen von nur wenigen Stunden Dauer bis hin zu wochenlangen Touren möglich sind.

Tour Merng Tai, 89 Thanon Khunlumprapas, Mae Hong Son 58000, Tel. 08 63 115 631, https://tourmerngtai.com

Maßstab 1:2.000.000
0
40 km
Mali Island Wildlife Res.
Mali K.
Pyinbutha Sakan
Migyaungthaik
Nong Ya Plong
Khao Samun Weng
944
Wat Phra Sriratama Mahathat
Phetchaburi
Ko Sichang
Ao Bang
Lamung
Bang La
Bight
of
Bangkok
Ko Phai
Ko La
PATTAY
Ko Khram
Satta
Ko Sama
Ko C
Ao Bang Sar
Kyaukpya
Palaw
Tapo
Kabuzal I.
Thamihla K.
Investigator Passage
Kadan Kyun
Kawsaing
960
Ti-ywa
Tanintharyi
National Park
Kaeng Krachan Res.
Kaeng
Krachan
National
Park
1337
Tha Yang
Hat Chao Samran
Nong Pradu
Bang Ket
Cha-am
Thung Klua
Pak Ngam
Hua Hin
Tenasserim I.
Kabingyaunc
Kyaug-pyu
Maingy I.
Lutlut
Pawut
Kyataw
MERGUI
Kinso
Kapa
Thayawthadangyi Kyun
Kawmapyin
1292
Pran Buri Res.
Ban Pak Nam Pran
365
Pran Buri
Tonbyawggi
Banpyi
Tagu
Kuri
Buri
Nat.
Park
Phu Noi
Khao Sam Roi Yot Nat. Park
Hattras Passage
Daung Kyun
Bailey I.
Mergui Is.
Auckland
Bay
Tanintharyi (Tenasserim)
971
Don Klang
Kui Buri
Sargent I.
Morrison
Bay
Parker I.
Courts I.
Kyaukmigyaung
M Y A N M A R
Sabi I.
Kunthi K.
Great Western Torres I.
Nearchuss Passage
739
Theinkun
896
Prachuap Khirikhan
Bentick I.
Kanmaw K.
Thetke
Awebindat
Hat Wanakon Nat. Park
Ban Huai Yang
1292
Huai Yang Waterfall
M y e i k   A r c h i p e l a g o
Letsok-Aw Kyun
Whale
Bay
Manoron
876
Lenya
National
Park
Thap Sakae
Namtok Huai Yang Nat. Park
Pawe-Gyi I.
Lenya
Bushby I.
Pisandaungsaung
Chaunghmunwa
176
Ban Krut
M y e i k   K y ū n z u
Sir J. Malcolm I.
Ale-Man K.
Bokpyin
Nanka Hprao
Pong Ko
Bang Saphan
Owen I.
Ao Bang Saphan
847
Kau-Ye K.
Hangapru
Sam Yaek Huai Sak
Lampi K.
Forest Strait
Karaturi
Clara I.
792
Mai Sombun
Ban Thung Maha
Sir Roo. Campbell I.
Wa-Ale K.
Lampi Island Marine Nat. Park
Pathiu
Khao Nam Noi
755
Tha Sae
Pila K.
Pak Khlong Saphli
Pulo Buda
Chumphon
Lord Loughborough I.
Nangin
Marang
Pak Nam Chumphon
Kra Buri
Thung Kha Tok
Lam Nam Kra Buri Nat. Park
Ao Sawi
Mu Ko Chumphon National Park
Investigator Channel
Maliwun
Sawi
Khao Fachi
La-Un
Ko Tao
Zadetkale K.
Hastings I.
Macleod I.
Ulu
Kawthoung
Isthmus
of Kra
Hin Sam Kon
Zadetkyi K.
Ranong
Lang Suan
Chong Tao
Than K.
Ko Chang
950
Pha To
Hua Mat
Pak Nam Lamae
Lamae
Mu Ko Ang Thong Nat. P.
Tong Sala
627
Ko Pha Ngan
Christie I.
Ko Pha Yam
Nam Sai
801
Nong Met
Ko Ang Tong
Chong Pha Ngan
Kapoe
Kaeng Krung Nat. Park
Tha Chana
130
Beach
Ao Mae Nam
Ko Surin Nua
Laem Son N. P.
197
Ko Pha Luai
Nathon
Ao Chaweng Yai
Beach
Mu Ko Surin Marine N. P.
Mu Ko Surin
Ko Surin Tai
Na Kha
Tha Hak
Dong Bang
Ling Chum
Ao Taling Nam
Ko Samui
Ao Bang Kao
1465
Chaiya
Chong Samui
Ao Ba Doh
Don Sak
1406
Ko Ra
Si Phang-nga N. P.
Tha Chang
Khanom
Khuraburi
Tha Se
SURAT THANI
Kanchanadit
Wat Nok
Chieo Lan Res.
Ko Phra Thong
Khiri Rat Thanikhom
Bang O
Phunphin
Namtok Si Khit Nat. Park
Khao Sok Nat. Park
Bang Wan
Siat
Tai Rom Yen Nat. P.
Sichon
Ko Kho Khao
Ban Takhum
Nong Tyngthong Bird's Park
Khlong Mot
Sai To
Takuapa
Tham Waram
Phanom
1370
Phuang Phrom Khon
Ban Na Sam
Khao Lak Lam Ru N.P.
Klong Phanom Nat. Park
1375
Tha Sala
Bang Sak
Kapong
Bang Khram
Ko Similan
Mu Ko Similan Marine N. P.
Yan Khian
Wiang Sa
Huai Yot
Mu Ko Similan
Khao Lak Beach
1048
Phra Saeng
Khao Luang N.P.
Ko Payang
Thap Put
Ao Nakhon
Khao Lam Pi - Hat Thai Muang N. P.
Phang Nga
Plai Phaya
1835
107
Chawang
Tan
NAKHON SI THAMMARAT
Thai Muang
Thung
Sai Ra
1
2
3
4
5

SÜDOSTASIENS BADEWANNE

Die Golfküste zwischen Bangkok und Surat Thani ist weitgehend touristisches Niemandsland – mit Ausnahme Hua Hins. Die vorgelagerten Inseln dagegen gelten als Inbegriff eines Tropenparadieses und genießen daher im internationalen Tourismus einen herausragenden Ruf.

1 Phetchaburi

Die Provinzmetropole ist die Kulturhochburg an der Golfküste. Die geschäftige Stadt (46 000 Einw.) kam im 17./18. Jh. durch Edelsteinfunde zu Wohlstand, dem sie viele Tempelanlagen verdankt. 1860 wurde sie von König Rama IV. als Residenzort »entdeckt«.

SEHENSWERT
Der Stadtplan des Touristenbüros geleitet zu 20 **Tempeln**. Der im neoklassizistischen Stil erbaute Königspalast **Khao Wang**, umgeben vom exotischen **Phra Nakhon Khiri Historical Park**, entführt ins 19. Jh. Hinauf zum Palasthügel führt eine Seilbahn (tgl. 8.30 bis 16.00 Uhr); aufdringlich können die Affen sein.

UMGEBUNG
Rund 5 km nördl. liegt die Tropfsteingrotte **Khao Luang**, die aus einem System untereinander verbundener Höhlen besteht, in deren Mitte Buddha-Statuen stehen. Wenn zwischen etwa 11.00 und 14.00 Uhr das Sonnenlicht durch ein Deckenloch einfällt und die Figuren und Tropfsteine bizarr beleuchtet, können sich selbst unromantisch veranlagte Naturen der Schönheit dieses Höhlen-Heiligtums nicht entziehen (tgl. 8.00–16.00 Uhr, Anfahrt mit dem Motorrad-Taxi oder Tuk-Tuk).
Der **Khaeng Krachan National Park**, mit einer Fläche von nahezu 3000 km² größtes Schutzgebiet des Königreiches, präsentiert sich als Regenwald-Refugium und ist Heimat zahlreicher bedrohter Tierarten. Es erstreckt sich in einer durchschnittlichen Höhenlage von 500 m. Abenteurer können im Nationalpark für Tage auf Trekkingtour gehen, aber auch Tagestouren sind möglich (Führer beim Nationalparkamt). Für Entspannung stehen die kühlen Fluten des rund 46 km² großen Kaeng-Krachan-Stausees bereit, der direkt beim Nationalparkamt liegt (schöne Bootstouren).

INFORMATION
Tourism Authority of Thailand, 500/51 Thanon Petchkasem (gegenüber Khao Wang), Phetchaburi 76120, Tel. 032 471 005. Internet-Informationen auf https://de.wikivoyage.org/wiki/Phetchaburi oder www.phetchaburicreativecity.com
Kaeng Krachan National Park, Amphur Kaeng Krachan 76170, Tel. 032 459 291, www.thainationalparks.com

Königlicher Pavillon in der Höhle Phraya Nakhon (oben links). Der Palasthügel des Phra Nakhon Khiri (oben rechts). Hua Hins Railway Station (unten rechts).

2 Hua Hin

Das urbane Ferienzentrum (50 000 Einw.) ist Thailands traditionsreichstes Seebad, seit den 1980er-Jahren mit internationaler Ausrichtung, und Ausgangspunkt bei der Entdeckung der nördlichen Golfküste und ihres Hinterlandes. Die Ortsgeschichte begann, als König Rama VII. 1926 hier einen Sommerpalast errichten ließ.

SEHENSWERT
Die **Hua Hin Railway Station** aus den 1920er-Jahren ist ein Paradebeispiel klassisch orientierter Thai-Architektur (Thanon Damnoen Kasem). Der 3 km nördl. vom Stadtzentrum gelegene Königspalast **Klai Kangwon**, 1926 in spanischem Stil errichtet, zeigt königliche Wohnkultur (Thanon Petchkasem; tgl. 9.00 bis 16.00 Uhr). Rund 2 km weiter lohnt ein Besuch des **Phra Ratchaniwet Mrigadayavan**, der, 1924 erbaut, als ein Meisterwerk klassisch thailändischer Palastarchitektur gilt (Thanon Petchkasem; tgl. 8.30–16.30 Uhr). Zwischen 17.00 und 18.00 Uhr öffnet an der zentralen Petchkasem Road der **Hua Hin Night Market**; die meisten Stände haben bis 23.00 Uhr geöffnet, einige Garküchen auch noch länger.

ERLEBEN
Hua Hin beeindruckt mit langen **Stränden** von heller Farbe, die ruhiger werden, je südlicher sie liegen. Über **Sportmöglichkeiten** informiert die Internetseite www.huahintoday.com.

HOTELS UND RESTAURANTS
Unterkünfte und Restaurants aller Kategorien sind reich vertreten, wenn auch die Oberklasse dominiert. Das **€ € € € Centara Grand Resort** ist aus dem 1923 errichteten Hua Hin Railway Hotel hervorgegangen und das Spitzenhotel an der Golfküste (1 Thanon Damnoen Kasem, Hua Hin 77110, Tel. 032 512 021, www.centarahotelsresorts.com).
Mit »außergewöhnlich« wird das ganz und gar nachhaltig geführte strandnahe Mikro-Resort **€ € € € / € € € Turtle Bay** (Khao Tao, Tel. 098

356 9191, www.turtlebay.me) eher schwach umschrieben, schmiegen sich doch die Architekturpreis-gekrönten Bungalows auf Pfählen stehend an bzw. in einen blütenbunten Lotos-Pond.
Aus dem üblichen Rahmen fällt das **Coco 51** (Soi 51, Thanon Petchkasem, Tel. 032 515 597, auf Facebook, tgl. ab 11 Uhr), ein Strandrestaurant mit Skyline-Panorama, Dinner-Live-Jazz und großer Auswahl an thailändischen und internationalen Gerichten.
Thailändisch tafeln mit Meerblick ist das Motto des **€ € € / € € Chao Lay** (15 Thanon Naretdamri, Tel. 032 513 436; tgl. ab 10.00 Uhr).

UMGEBUNG
Charakteristisch für den direkt an der mangrovengesäumten Küste gelegenen **Khao Sam Roi Yot National Park** (99 km²) sind 300 bis 600 m hoch aufragende Kalksteinfelsen und der Vogelreichtum. Der Park wurde im Jahr 1966 als erstes Küsten-Schutzgebiet Thailands ausgewiesen und ist einer der größten Transitplätze für Zugvögel im Königreich. Man kann hier auch einsame Strandtage erleben. Großartig ist die Tropfsteinhöhle **Phraya Nakhon**, zu der ein markierter Weg führt. Im Nationalparkamt erhält man eine Broschüre über die Vogelwelt samt Hinweisen zu den besten Beobachtungspunkten. Auch Führungen werden angeboten, und in die Mangrovensümpfe führt der rund 1 km lange Mangrove Nature Trail.

INFORMATION
Tourist Information Center, 39/4 Thanon Petchkasem, Hua Hin 77110, Tel. 032 471 005. U. a. informieren die Internetseiten https://thailand-huahin.com, www.hua-hin.de und https://tourismhuahin.com.
Khao Sam Roi Yot National Park, Mu 2, Ban Khao Daeng 77150, Tel. 032 821 568, www.thainationalparks.com)

Tipp

Gast in einem Kloster

Meditationsübungen sind in allen thailändischen Klöstern üblich, in einigen kann man auch als andersgläubiger Tourist an den Retreats teilnehmen (https://retreat-infos.de). Auf Ko Samui lädt das Dipabhavan Meditation Center (https://dipabhavan.weebly.com), auf Ko Pha Ngan erfreut sich das Wat Kow Tahm International Meditation Center (www.watkhaotham.org) großer Beliebtheit, aber die bei Ausländern populärste Meditationsstätte ist das bei Chaiya nördl. von Surat Thani gelegene Wat Suan Mokkh (www.suanmokkh-idh.org), wo am 1. eines jeden Monats ein 10-tägiger Meditationskurs beginnt.

Strandverkäufer (oben links), klassischer Thai-Tanz (oben rechts) und »Grandma & Grandpa Rocks« auf Ko Samui (unten rechts).

3 Ko Tao

Die nur 8 km lange und 3 km breite Insel (2200 Einw.) hat in Taucherkreisen einen hervorragenden Namen. Ihre über 30 Divespots finden nirgends am/im Golf von Thailand ein Pendant.

ERLEBEN
Strände gibt es reichlich, die exotischsten auf der kleinen Insel **Ko Nang Yuang**. Reizvoll ist auch der **Thian Ok**, am populärsten der **Sai Ri** nördl. vom Insel-Hauptdorf.

HOTELS
Mit einem schöneren Ausblick als von den schick-elegant-gemütlichen Zimmern und Villen des **€ € € € View Point Resort** (Chalok Ban Kao Bay, Tel. 077 456 444, www.viewpointresortkohtao.com) wird man auf Koh Tao kaum wohnen können.
Das **€ € € € Nang Yuan Island Dive Resort** auf Nang Yuan ist *die* Taucheradresse (Ko Nang Yuang, Ko Tao 84280, Tel. 08 19 581 766, www.nangyuan.com).

INFORMATION
U. a. informieren die Internetseiten www.koh-tao.de, www.kohtaocompleteguide.com und www.islandtravelkohtao.com

4 Ko Pha Ngan

Das Publikum ist überwiegend jung, die Vollmondfeste sind berühmt-berüchtigt. Die rund 170 km² große, stark gebirgige und bewaldete Insel (10 000 Einw.) mutet wild an. Ihre Strände umweht der Zauber ursprünglicher Schönheit, und noch dominiert Individualtourismus.

VERANSTALTUNGEN UND NACHTLEBEN
Zu jedem Vollmond lädt eine **Full Moon Party** (https://fullmoonparty-thailand.com) am Hat Rin Beach ein, an jedem Neumond eine **Black Moon Party** und an jedem Halbmond die **Half Moon Party** am Ban Kai Beach (www.halfmoonfestival.com).
Zentrum des Nachtlebens ist der **Had Rin Beach**, aber auch am **Ban Kai Beach** gibt es Dutzende Nachtlokale.

ERLEBEN
Von den **Stränden** gilt der etwa 500 m lange Hat Rin als populärster; die Ostküste besitzt verschwiegene Sandbuchten, schönste ist die Doppelbucht von Thong Nai Paan, Treff der Rucksackreisenden die Bottle Beach. Das Aktivangebot ist gigantisch (www.phangan.info/adventure-activities).

HOTELS
Mehrere Hundert Strand-Unterkünfte der meist günstigen Kategorie gibt es. Der Komfortbedürftige findet im **€ € € Sarikantang Resort & Spa** (Lela Beach, Tel. 077 375 055, http://sarikantang.com) alles.
Bungalows und Häuser des **€ € € € / € € Sanctuary** sind perfekt in die Natur integriert (Hat Thian Beach, Koh Pha Ngan 84300, Tel. 08 64 784 213, www.thesanctuarythailand.com).

INFORMATION
U.a. informieren die Internetseiten www.phangan.info, https://kohphangannews.org und https://my-kohphangan.com

5 Ko Samui

Fotos von Ko Samui zieren unzählige Thailand-Prospekte, denn die Insel gilt als *die* Strandattraktion Südostasiens. Rucksackreisende hatten die 247 km² große Insel (67 000 Einw.) in den frühen 1970er-Jahren »entdeckt« – heute kommen jährlich bis über 2,5 Mio. Besucher.

ERLEBEN
Die Insel ist mit Dutzenden **Stränden TOP-ZIEL** gesegnet. Als schönster gilt der rund

6 km lange Chaweng, der auch die beste Infrastruktur bietet.
Malerisch ist der rund 1 km messende Choeng Mon. Junges und nachtaktives Volk bevorzugt den etwa 5 km langen Lamai. Familien schätzen den Inselnorden mit dem Mae Nam und dem Bo Phut. In allen Unterkünften liegen Prospekte zu Aktivitäten über und unter Wasser sowie auf dem Lande aus – das Angebot ist riesig. Eine der besten **Kochkurs**-Adressen des Südens ist das **Island Organics** (24/1 MOO 4, Bangrak, Tel 08 97 316 814, https://islandorganicssamui.com). Vor dem Besuch der viel beworbenen Samui Crocodile Farm muss eindringlich gewarnt werden: Die Tiere werden dort unter unwürdigsten Verhältnissen gehalten!

HOTELS UND RESTAURANTS

Die Zahl der Strand-Resorts ist Legion. Vollendeten Wohngenuss bietet **€ € € € Baan Haad Ngam Boutique Resort & Villas** (Chaweng Yai Beach, Tel. 08 24 199 678, https://baanhaadngam.com).
Das **€ € € € / € € € Coco Palm** gefällt mit komfortablen Bungalows und schickem Pool (Mae Nam Beach, Koh Samui 84330, Tel. 077 247 288, https://cocopalmbeachresort.com).
Wohlgefühl bietet auch die **€ € € / € € Green Villa** mit Bungalows im Palmenhain (Lamai Beach, Koh Samui 84310, Tel. 06 14 264 596, https://green-villa-resort-hotel.business.site).
Kein Strand ohne Restaurants, inselweit laden Hunderte ein.
Wer das Besondere sucht, der kostet im **€ € € € Tree Tops** eines der traditionellen Thai-Gerichte (Anantara Lawana Resort, Tel. 077 960 333, www.treetopsrestaurantsamui.com, tgl. 18.00–23.30 Uhr).
Die **€ Nachtmärkte** bzw. **Walking Streets** in Nathon (tgl. ab 16.00 Uhr), Bo Phut (Mo., Mi., Fr. ab 18.00 Uhr), Chaweng und Lamai (je ab 18.00 Uhr) bieten gutes und günstiges Essen der Thai-Küch.

NACHTLEBEN

Chaweng und Lamai sind die Zentren der Nachtlust. Am Strip von Chaweng geben gepflegte Pubs, coole Cafés und funky Clubs den Ton an – herausragend die **Soi Green Mango** mit diversen Discos und Pubs, meist zwischen 18.00/20.00 und 4.00/5.00 Uhr geöffnet. In Lamai toben an der Main Road allabendlich die Massen, am entspanntesten geht es im **Beach Republic Club** zu (tgl. bis 2.00 Uhr).

UMGEBUNG

Der schönste (rund ums Jahr tgl. angebotene) Ausflug führt in den etwa 20 km westl. gelegenen, als Marine National Park ausgewiesenen **Ang Thong Archipel** mit über 40, teils mit Urwald überwucherten Inseln und einer atemberaubend schönen Lagune.

INFORMATION

Ein offizielles Touristenbüro gibt es nicht; es informieren Dutzende Internetseiten, u. a. www.kosamui.de, www.samui.de, www.visitsamui.org, https://samuitourism.com

ZUM ABTAUCHEN SCHÖN

Was das Tauchen wie auch das Schnorcheln im Golf von Thailand angeht, steht Ko Tao einzigartig da, denn das Meer ist sauber und glasklar, und die nach Dutzenden zählenden Korallenriffe entführen in eine märchenhafte marine Welt mit ungemein artenreicher Flora und Fauna.

Ko Tao ist dem Festland 74 km weit vorgelagert, weshalb die dort von Flüssen ins Meer getragenen Sedimente, die im Küstenbereich die Unterwassersicht behindern, hier keinerlei Auswirkungen mehr haben. In der Folge sind Tiefblicke von 20 bis 30 m möglich, wo sich flache Korallengürtel erstrecken, aber auch bis über 16 m hoch senkrecht aufragende Korallensäulen, von denen die Chumpon Pinnacles ca. 5 km nordwestlich der Küste die beeindruckendsten sind. Die insgesamt vier Reviere rings um Ko Nang Yuang haben den Vorteil enormer Vielfalt mariner Flora und Fauna in relativ geringer Tiefe (etwa 6 bis 12 m). Gerade der Anfänger weiß das zu schätzen, aber auch der versierte Höhlentaucher kann sich hier, beim Green Rock, seinen Adrenalinkick holen. Für Nacht-Tauchgänge ist er ebenfalls gut geeignet, obwohl der White Rock als populärster Night Divespot gilt.

Shark Island, direkt vor dem Südzipfel von Ko Tao gelegen, präsentiert sich als farbenprächtiger Anemonengarten-Spielplatz zahlreicher Arten von Korallenfischen, und auch – dem Namen entsprechend – vereinzelte Leopard- und Riffhaie zählen zu den Besuchern. Bleibt mit dem Sails Rock das populärste, weil abwechslungsreichste und spektakulärste, aber auch teuerste Tauchziel, da es am weitesten draußen im Meer liegt.

Eine Übersicht über rund 30 Tauchzentren auf Ko Tao bietet u. a. die Website https://kohtao.de unter der Rubrik »Tauchbasen«. Empfehlenswert u.a. das konkurrenzlos günstige und unter deutscher Leitung stehende Go-And-Dive (www.goanddive.de) am Mae Hat Beach. Anfänger-Tauchkurse kosten dort nur unter 300 €, Touren inkl. Tauchgang und Ausrüstung sind ab 30 € zu buchen, und wer hier einen Tauchkurs belegt, bekommt ein Zimmer im Tauchzentrum für ca. 10 € (2 Pers.).

Südthail./Andamanenküste

TROPISCHE LANDSCHAFTS-PRACHT

Die rund 900 Kilometer lange Andamanenküste gilt mit ihren marinen Märchenwelten und Traumstränden als Inbegriff eines exotischen Tropenparadieses. Hier kann jeder nach seiner Fasson glücklich werden – ob auf einem Robinson-Eiland ohne Fußspuren im Sand oder im durchgestylten Ferienzentrum.

Die Filmarbeiten zum Agentenfilm »Der Mann mit dem goldenen Colt« ließen Ko Tapu 1974 zu James Bond Island mutieren.

»Mutterschiffe« bringen Seekajakfahrer in den Phang Nga Bay Marine National Park und zum winzigen Felsen Ko Tapu – James Bond Island ist eine beliebte Kulisse für Erinnerungsfotos.

Obwohl direkt am Meer gelegen, bietet Khao Laks Nang Thong Bay Resort auch aufwendige Poollandschaften.

Das Tagesausflugsziel Ko Hong etwas nördlich von Krabi fasziniert mit bizarren Kalksteinformationen.

UNVERMITTELT TAUCHEN WEISSE SEGEL IM TIEFBLAU DES INDISCHEN OZEANS AUF: DAS ALSO IST DAS LANG ERSEHNTE URLAUBSPARADIES!

Die meisten Besucher reisen von Bangkok oder Ko Samui aus mit dem Flugzeug nach Phuket oder Krabi, den touristischen Zentren der Andamanenküste – und selten ist das Fliegen so schön wie in Erwartung jenes Augenblickes, wenn beim Anflug tief unten der erste Streifen Urlaubsland auszumachen ist. Unvermittelt tauchen weiße Segel im Tiefblau des Indischen Ozeans auf, der zur Küste hin, wo sich die Skulpturen urwaldgrüner Inselberge aus smaragdfarbenen Meeresbuchten erheben, von hell aufleuchtenden Sandstränden umkränzt wird.

Das also ist das lang ersehnte Urlaubsparadies, und auch, wer über Land kommt, wo die mit üppigen Regenwäldern bestandenen Ausläufer des Himalaya das Rückgrat der Malaiischen Halbinsel bilden, wird von dieser Küste mit ausgebreiteten Armen empfangen.

ANDAMAN SMILES AGAIN

In ihrem nördlichen Abschnitt – die rund 180 Kilometer von der Myanmar-Grenze bis hinunter zum Ferienzentrum Khao Lak – reicht das bis zu 1400 Meter hoch aufragende zentrale Bergland bis ans Meer heran und bildet dort eine Kulisse von tropischer Schönheit vor einigen der längsten Sandstrände des Königreiches. Insbesondere bei Khao Lak ziehen sich Sandbänder fast 40 Kilo-

Das Hotel- und Resortangebot von Phuket ist unüberschaubar groß – zum besseren Standard gehören Pool und Meerblick wie im »Mangosteen« beim Nai-Harn-Strand im Süden von Phuket.

Nicht jeder kann oder will vom Tourismus leben: Strandfischer am Kata Beach von Phuket.

Was Service und Angebot betrifft, können deutsche Hotelgäste davon meist nur träumen: »Mangosteen Ayurveda & Wellness Resort« in Phuket.

»DIE KRANKENDEN GEWÄCHSE, WELCHE UNSERE TREIBHÄUSER EINSCHLIEßEN, GEWÄHREN NUR EIN SCHWACHES BILD VON DER MAJESTÄT DER TROPEN-VEGETATION.«

Alexander von Humboldt

meter lang am blauen Band des Ozeans hin, was insbesondere Urlauber älterer Semester sowie Familien mit Kindern zu schätzen wissen. Längst nämlich ist von den Auswirkungen des Tsunami, der hier im Dezember 2004 so verheerende Schäden anrichtete, kaum mehr etwas zu sehen, und so bringt es der Slogan der thailändischen Tourismuszentrale zu Recht auf den Nenner: »Andaman smiles again«. Und dies nicht nur am Festland, sondern auch auf den unter Naturschutz stehenden Similan-Inseln, deren Korallenriffe weit draußen zu den attraktiven Tauchrevieren Thailands zählen – daher täglich Ziel zahlreicher Tauch-, Schnorchel und Besichtigungsfahrten.

Aber auch in das Hinterland führen reizvolle Touren. Im Khao-Sok-Nationalpark etwa ragen fantastisch geformte Kalksteinformationen bis zu 1000 Meter hoch über einem fjordartig verzweigten See. Wer noch nie in einem Baumhaus oder auf einem schwimmenden Bambus-Bungalow gewohnt, am Urwaldrand gebadet hat oder im Morgengrauen durch schrilles Affengeschrei geweckt wurde – hier wird er merken, was er bisher alles versäumt hat.

Nicht anders ergeht es demjenigen, der sich mit dem Boot oder – im Erlebnis noch unmittelbarer – Seekajak durch die tropische Meereslandschaft der ebenfalls unter Schutz stehenden Phang-Nga-Bucht bewegt. Zwischen Phuket und der Festlandsküste liegt sie im Schatten blauer und regengrüner Berge als ein mehr als 400 Quadratkilometer großer Kessel. Aus dem Malachitgrün ihres flachen Wassers ragen zahllose Kalksteininseln mit oft jeglicher Schwerkraft spottenden Formen. Das Spektrum umfasst Monolithen, Nadeln und Pilze, Pyramiden, Kegel und Keulen ...

Geht es bei Letzterer um Natur in ihrer spektakulärsten Ausprägung, so dreht sich auf Phuket selbst, lediglich eine runde Bootsstunde von diesen landschaftlichen Wundern entfernt, alles um Sonne, Strand und sehr viel Spaß.

EINZIGARTIGES FLECKCHEN ERDE

Auf der größten Insel des gesamten Königreiches sind sie zu finden, die Copacabanas von Südostasien, und ob die jährlich bald schon sechs Millionen Besucher nun trunken sind vom vollendeten Luxus herrlich exotischer Resortanlagen, einem fast unüberschaubaren Aktivangebot oder einem quirligen Nachtleben, das wohl nur noch von dem in Bangkok und Pattaya überboten wird – alle stimmen darin überein, dass Thailands populärste Badeinsel mit ihren 16 ausgewiesenen Hauptstränden ein geradezu einzigartiges Fleckchen Erde ist.

Die Besteigung des Klosterberges des Wat Tham Sua ist eine lohnende Pflicht: Die Bewältigung der über 1200 Naturstufen wird mit einem fantastischen Ausblick belohnt.

Rustikal übernachtet man im Khao Sok National Park.

Stütz- oder Brettwurzeln geben den nicht tief wurzelnden Bäumen des Regenwaldes Halt.

Tsunami

Special

Alptraum im Ferienland

Zerstörende Fluten, Leichen überall, schockierte und verletzte Überlebende: 230 000 Menschen rissen die Riesenwellen in den Tod, 50 000 blieben vermisst, 110 000 wurden verletzt und über 1,7 Mio. Küstenbewohner obdachlos.

Binnen Sekunden entlud sich am 26. Dezember 2004 vor Sumatra eine über Jahrzehnte aufgebaute Spannung zwischen den gegeneinanderdrückenden indisch-australischen und eurasischen Erdplatten in einem unterseeischen Beben. Der Meeresboden hob sich bis zu zehn Meter und mit ihm das darüber Tausende Meter tiefe Wasser. Riesenwellen setzten sich in Bewegung, rasten mit mehreren hundert Stundenkilometern auf die umliegenden Küsten zu. Ungewarnt, blieben die Menschen der Katastrophe schutzlos ausgeliefert. Binnen 15 Minuten waren die Nordwestspitze Sumatras erreicht und die Nikobaren überspült. Den Andamanen und der Küste Thailands – hier waren vor allem Khao Lak, Phuket und Phi Phi betroffen –, Malaysias und Myanmars erging es wenige Minuten später ebenso. Nach etwa drei Stunden setzten die Riesenwellen ihr Zerstörungswerk auf den Malediven, Sri Lanka und in Indien fort. Noch 20 000 Kilometer entfernt, an den Küsten Perus und Kanadas, waren sie einen halben Meter hoch. Die nachfolgende, beispiellose Spendenaktion half, die materiellen Zerstörungen vielerorts vergessen zu machen – die traumatischen Erlebnisse in den Köpfen der Menschen wollen auch mehr als 20 Jahre nach der Katastrophe oftmals nicht weichen. Auch der Aufbau eines Tsunami-Warnsystems für den Indischen Ozean ist längst abgeschlossen. Kernstück des Systems, das bereits mehrere Bewährungsproben hinter sich hat, ist ein Netz von Messstationen, dessen Datenzentrum in Jakarta untergebracht ist.

DIE PERLE DES SÜDENS

Nichts anderes sagt man auch der südlich an Phuket angrenzenden Krabi-Provinz nach, zu deren mehr als 160 Kilometer langer Küstenlinie mit Ko Phi Phi auch eine der, wie es gern heißt, exotischsten Inseln dieser Welt gehört. Hier, wo mit dem Thriller »The Beach – Der Strand«, mit Leonardo DiCaprio in der Hauptrolle, eine Hommage an die Südsee gedreht wurde, stellt die Wirklichkeit mitunter noch Postkartenklischees in den Schatten. Die Landschaft präsentiert sich als surreales Traumbild und ist derart eindrucksvoll, dass im Vergleich viele andere Gebiete nahezu langweilig wirken. Aus diesem Grunde wird erwogen, sie auf die World Heritage Liste der UNESCO zu setzen, aber gerechter wäre, die gesamte Region zum Naturerbe der Menschheit zu erklären, schließlich gibt es neben »Südseeinseln« auch am Festland Superlative in Hülle und Fülle.

Als landschaftliche Attraktionen gelten die bei dem vergleichsweise beschaulichen Ferienzentrum Ao Nang gelegenen Strände von Phra Nang und Rai Leh, die von Felsskulpturen aus Türmen, Spitzen, Buckeln und Fingern gebildet, von Höhlenlabyrinthen durchlöchert, von Vögeln und Fledermäusen belebt und von einem blaugrünen Meer umkränzt werden. Hier finden sich die sicherlich

Die Umgebung Krabis hat vielerlei zu bieten: für Wasserratten beispielsweise Ko Phi Phi Lee (ganz oben links), für meditativ Veranlagte Ko Hai (oben links) und für diejenigen die höher hinaus wollen, Felswände am Rai Lee East Beach (rechts).

Ko Phi Phi: einen Bootsausflug in die märchenhafte Welt vor Krabi darf man sich nicht entgehen lassen.

WO DIE FEINSTEN, WEICHSTEN UND WEISSESTEN SANDSTRÄNDE SÜDTHAILANDS AUF BEGEHUNG WARTEN.

bemerkenswertesten Kletterreviere in ganz Asien in der Nachbarschaft von ausgedehnten Mangrovensümpfen, tosenden Wasserfällen und heißen Quellen – und das alles meist lediglich einen Moped- oder Bootssprung voneinander entfernt.

STRÄNDE OHNE FUSSPUREN

Das Boot auch ist das Verkehrsmittel der Wahl, will man von Phuket oder Krabi aus die südliche Andamanensee entdecken. Problemlos ist es möglich, auf dem Wasserweg an einem einzigen Tag via Ko Lanta bis hinunter nach Ko Lipe zu gelangen, wo die feinsten, weichsten und weißesten Sandstrände Südthailands auf Begehung warten und sich der Individualtourismus eine neue Hochburg geschaffen hat.

Für Möchtegern-Robinsons ist der dortige Ko Tarutao National Park mit den größten unbewohnten Inseln des Königreiches ein Dorado. Kilometerweit lässt sich hier entlang der menschenfernen Traumgestade bummeln, an herrlichen, parallel verlaufenden Korallenriffen schnorcheln oder auch auf problemlos zu begehenden Pfaden durch primären Regenwald wandern – unterwegs immer wieder einmal gern erfrischt von Kaskaden glasklaren Quellwassers.

»So herrlich wie am ersten Tag der Schöpfung« – hier ist dieses vielstrapazierte geflügelte Wort Realität, und wer je im »Archipel Glück« Balsam für die Seele gekostet hat, der wird liebend gern wiederkommen und spätestens dann mit zu denen gehören, die wissen, dass »Unvergessliches Thailand« doch weit mehr ist als nur ein wohltönender, aber dennoch abgegriffener Slogan der Tourismuswerbung.

Der Regenwald

GRÜNES UNIVERSUM

Große Areale der Malaiischen Halbinsel, auf der auch Südthailand liegt, sind bis heute mit tropischem Regenwald bestanden, der ältesten Vegetationsform der Erde und gleichzeitig ihr größtes genetisches Reservoir. Neben den Korallenriffen weist dieses ebenso faszinierende wie gefährdete Ökosystem bei Flora und Fauna die höchste Artendichte auf.

Das äquatornahe Südostasien, seit dem Tertiär, also seit rund 60 Millionen Jahren, von Klimawechseln unberührt, ist Heimat des tropischen Regenwaldes, der seit über 130 Millionen Jahren der Evolution als Experimentierfeld dient. Was zur höchsten Artendichte führte: Rund fünf Millionen der insgesamt etwa zehn Millionen bekannten Spielarten des Pflanzenreiches wachsen hier – allein über 3500 Baumarten sind bekannt, von denen manche bis zu 1700 Insektenarten als Lebensraum dienen.

Den größten Artenreichtum weist der Tiefland-Regenwald auf. Da aber diese Regionen bereits in der Vergangenheit besonders unter den Eingriffen des Menschen zu leiden hatten, ist er in Thailand heute eigentlich nur noch in Nationalparks zu finden.

Je höher es geht, desto artenärmer wird der Wald, ab einer Höhe von etwa 800 Metern als Nebelwald bezeichnet. Die Bäume dort sind kleinwüchsiger, die Krautschicht ist stärker ausgebildet, und die Zahl der Moose, Orchideen und Farne nimmt mit jedem Höhenmeter überproportional zu. Eher abgelegen, blieb der Nebelwald unberührter, lediglich Tabak-, Kaffee- und Bananen-Plantagen wuchern ins große Grün dieser als am »dschungeligsten« erscheinenden Vegetationszone.

SECHS STOCKWERKE HOCH

Das charakteristische Kennzeichen des Regenwalds ist der stockwerkartige Aufbau über sechs »Etagen« von der Bodenschicht über die Kraut- und Strauchschicht, die Kronenschicht niedriger Bäume bis hinauf zum dichten Hauptkronendach in rund 40 Metern Höhe, überragt von einzelnen sogar bis zu 60 Meter hoch aufragenden Giganten.

Dazwischen siedeln parasitäre Schmarotzerpflanzen und sich selbst versorgende Epiphyten, Aufsitzerpflanzen, Pflanzen, die nicht im Boden wurzeln, sondern auf anderen Pflanzen. Sie, zu denen mehr als 20 000 Orchideenarten zählen, Lianen, Farne und Rhododendren tragen zum vielfältigen Erscheinungsbild des Regenwaldes bei. Aber ins Auge fallen eher die Riesenbäume, mit Stämmen von bis über fünf Metern im Durchmesser. Ihr auffälligstes Merkmal sind aber nicht, wie landläufig angenommen, tief ins Erdreich greifende Wurzeln, sondern vielmehr flache und am Boden tellerförmig extrem weit auslaufende. Ein Grund dafür ist auch die Nährstoffarmut des Bodens. Kein Widerspruch zu der offenbaren Fruchtbarkeit des Regenwaldes – der Wald ist ein in sich geschlossenes System, dessen überwiegende Nahrungsquelle die eigene verwesende organische Substanz ist.

WIRD ES GUTGEHEN?

Diese üppigste und älteste Pflanzenformation der Erde schrumpft täglich um etwa 330 Quadratkilometer, was einem jährlichen Verlust von etwa einem Drittel der Fläche Deutschlands entspricht – und das, wo bereits rund vier Fünftel der Regenwald-Flächen dieser Erde zerstört sind. Dennoch weichen die Regenwälder weiterhin Plantagenflächen, auch in Thailand, wo eine schlichte Rechnung besagt, dass dieses Ökosystem in etwa 20 Jahren, wenn überhaupt, nur noch in Nationalparks vorhanden sein wird.

Doch sind erst die Regenwälder verschwunden, beschleunigt sich die Erwärmung der Erdatmosphäre, und die Folge, von der wir schon jetzt einen Vorgeschmack zu spüren bekommen, wird ein Klimadesaster von nicht abzuschätzendem Ausmaß sein. »Nur eine atomare Katastrophe könnte die globalen Auswirkungen des Abholzens der tropischen Wälder übertreffen«, urteilte bereits vor über zwei Jahrzehnten die UNO.

Nashornvogel im tropischen Wald (oben). Emerald Pool im Khao Pra-Bang Khram Wildlife Sanctuary (unten) und Natur im Phanom Bencha Mountain Resort (linke Seite), beide in der Nähe von Krabi.

Investigator Channel
Maliwun
Lam Nam Kra Buri Nat. Park
Ao Sawi
Mu Ko Chumphon National Park
Sawi
Khao Fachi
La-Un
Zadetkale K.
Hastings I.
Macleod I.
Ulu
Kawthoung
Isthmus of Kra
Ko Tao
Hin Sam Kon
Zadetkyi K.
Ranong
Lang Suan
Chong Tao
Than K.
Ko Chang
Pha To
Hua Mat
Pak Nam Lamae
Lamae
Mu Ko Ang Thong Nat. P.
Tong Sala
Ko Pha Ngan
Ko Pha Yam
Nam Sai
Christie I.
Nong Met
Ko Ang Tong
Chong Pha Ngan
Beach
Ao Mae Nam
Kapoe
Kaeng Krung Nat. Park
Tha Chana
Ko Pha Luai
Nathon
Ao Chaweng Yai
Ko Surin Nua
Mu Ko Surin
Laem Son N. P.
Na Kha
Ao Taling Nam
Ko Samui
Ko Surin Tai
Tha Hak
Dong Bang
Ling Chum
Ao Bang Kao
Chaiya
Chong Samui
Mu Ko Surin Marine N. P.
Ao Ba Don
Don Sak
Tha Chang
Ko Ra
Si Phang-nga N. P.
Khanom
Khuraburi
Tha Se
SURAT THANI
Kanchanadit
Wat Nok
Chieo Lan Res.
Ko Phra Thong
Khiri Rat
Bang O
Phunphin
Namtok Si Khit Nat. Park
Thanikhom
Khao Sok Nat. Park
Sichon
Bang Wan
Siat
Tai Rom Yen Nat. P.
Khlong Mot
Ko Kho Khao
Ban Takhun
Nong Tyngthong Bird's Park
Sai To
Takuapa
Tham Waram
Phanom
Phuang Phrom Khon
Ban Na Sam
Mu Ko Similan Marine N. P.
Bang Sak
Khao Lak-Lam Ru N.P.
Kapong
Klong Phanom Nat. Park
Bang Khram
Tha Sala
Ko Similan
Mu Ko Similan
Khao Lak Beach
Yan Khian
Wiang Sa
Huai Yot
Thap Put
Phra Saeng
Khao Luang N.P.
Ko Payang
Phang Nga
Plai Phaya
Ao Nakhon
Khao Lam Pi - Hat Thai Muang N. P.
Takua Thung
Chawang
Tan
NAKHON SI THAMMARAT
Thai Muang
Ao Luk
Sai Ra
Lan Saka
Pak Phanang
Khok Kloi
Laem Sak
Than Bokkharani N.P.
Thung
Khao Phanom
Thung Yai
Ron Phibun
Than Bok Khorani N.P.
Phang-nga Marine N.P.
Ban Pak Phraek
Chat Chai
Khao Phanom Bencha N.P.
Bang Luang
Thung Song
Sirinat Nat. P.
Ko Yao
Shell Cemetery
Bo Lo
Khao Phra Thaeo N. P.
Krabi
Huai Thap
Kapang
Hua Sai
Thalang
Ko Phuket
Kathu
Ko Yao Yai
Hat Noppharat Thara Nat. P.
Khlong Thom
Cha-Vat
Hat Patong
Beach
Thap Tai
Phuket
Hat Karon
Ko Si
Thale Noi Bird Sanctuary
Boya
Ko Phi Phi Don
Mu Ko Phi Phi Marine N. P.
Wang Wiset
Huai Yot
Khuan Khanun
Ranot
Ko Phi Phi Le
Ko Jum
Sai Khao
Khao Pu-Khao Ya
Siban Phot
Chai Khlong
Ban Baw Meuang
Phatthalung
Kra Sae Sin
Ko Racha Yai
Ban Sala Dan
Trang
Thale Luang
Ko Lanta
Sikao
Na Wong
Sathing Phra
Ko Racha Noi
Mu Ko Lanta N.P.
Kao Chaison
Ko Ngai
Kantang
Yan Ta Khao
Ko Muk
Hat Chao Mai Nat. Park
Tha Nod
Pha Bon
Pak Phajun
Ko Libong
Palian
Kuang Niang
Thale Sap Songkhla
Songkhla
Mu Ko Phetra National Park
Thung Wa
Rattaphum
Ko Sukong
HAT YAI
Ban Khlong Kua
Langu
Chana
Thepa
Ban Pak
Thale Ban N. P.
Khlong Ngae
Ban Chin
Lam Phrai
Padang Besar
Na Thawi
Satun
Sadao
Khao Nam Khang N.P.
Saba Yoi
Ko Tarutao
Tarutao Nat. Park
Namtok Sai Khao Nat. Park
Ko Rawi
Ban Lum
Ko Batong
Ko Adang
Chinchin Straits
Arau
Yaha
Ko Lipe
Kangar
Changlun
P. Langkawi
Kuah
Kuala Perlis
Sun Gala Khiri Nat. Park
Pandang Matsirat
Pantai Tengah
Jitra
P. Singa Besar
P. Dayang Bunting
P. Payar
Sultan's Palace
Pokok Sena
ALOR SETAR
Kuala Kedah
Marine Park
Simpang Tiga
Nami
MALAYSIA
Guar Chempedak
Yan
Gurun
Sik
Bt. Lata Papalang
Betong
Bedong
Bukit Selambau
Kuala Regang
Selat Utara
SUNGAI PETANI
Kerori
Baling
Maßstab 1:2.000.000
0
40 km
1
2
3
4

HERRLICH WIE AM ERSTEN TAG

Bizarre Landschaften gelten im Allgemeinen als schön. Diejenigen, die man an der oft wild skulptierten Andamanenküste mit ihren zahllosen vorgelagerten »Südseeinseln« und abwechslungsreichen Ferienorten zu sehen bekommt, sind bizarrer als man sich vorstellen kann.

1 Khao Lak

Der Ferienort ist Ausgangspunkt zur mit Naturschönheiten reich gesegneten nördlichen Andamanenküste. Er bildet das touristische Zentrum insgesamt fast 40 km langer Strände.

ERLEBEN
Am ansprechendsten und mit bester Infrastruktur zeigt sich der durch Felsbänder aufgelockerte **Khao Lak Beach**, der nach Norden zu in den ruhigeren **Bang Niang Beach** übergeht. Es schließen sich **Khuk Khak** und **Bang Sak Beach** an, mit Abstand längster der Region und bei Luxusreisenden beliebt. **Tauchzentren** finden sich mehrere, empfehlenswert u. a. das deutschsprachige Wetzone (Tel. 08 57 858 065, www.wetzonedivers.com).

Tipp

Wie im Dschungelbuch

Die vielfältige südthailändische Tropennatur verleiht jeder Reise hierher ein ganz eigenes Flair. Besonders zauberhaft und spektakulär präsentiert sich die Landschaftsmajestät wohl im zentralen Bergland der Malaiischen Halbinsel, wo sich mit dem Khao Sok der aus diesem Grund meistbesuchte Nationalpark Thailands im größten zusammenhängenden Urwaldgebiet des Königreiches erstreckt. Die Infrastruktur und das Aktivitätsangebot sind beeindruckend, und von Khao Lak aus sowie Krabi und Phuket werden Touren ins Schutzgebiet angeboten, das aber auch mit öffentlichen Verkehrsmitteln problemlos erreicht werden kann.

Khao Sok National Park, Tel. 077 395 154, www.thainationalparks.com und https://khaosoklake.com, www.khaosoktravel.com, www.khaosok.com

Blick auf Phukets Kap Phromthep (rechts). Sonnenuntergang an Khao Laks Khuk Khak Beach (unten).

Ausflüge finden sich u. a. auf http://khaolakguide.de, für Boots- und Schnorcheltouren empfiehlt sich Khao Lak Discovery (Tel. 076 485 411, www.khaolaklanddiscovery.com).

HOTEL
Tausende Zimmer bzw. Bungalows in mehr als 100 Resorts warten auf Gäste. Besser und günstiger als im **€ € € Nang Thong Bay Resort** mit Bungalows und Appartements direkt am Meer kann man hier nicht wohnen (Khao Lak Beach, Khao Lak 82190, Tel. 076 485 088, www.nangthong.com).

UMGEBUNG
Nach Khao Lak zu reisen, ohne das Umland zu erkunden, wäre ein großes Versäumnis – insbesondere eine Boots-, Schnorchel- oder Tauchtour in den **Ko Similan Marine National Park TOPZIEL** (www.similandivingtours.com): Die Unterwasserwelt wird zu den prachtvollsten auf Erden gezählt; auch über Wasser präsentieren sich die Eilande traumhaft. Das Inselchen **Ko Pha Yam** (http://www.kohpayam.org) mit Bilderbuchstränden und günstigen Bungalows ist eine Alternative zu Khao Lak.

INFORMATION
U. a. informieren die deutschsprachigen Internetseiten www.khaolak.de und https://khao-lak.org.

2 Phuket

Mit – in Spitzenzeiten – mehr als 13 Mio. Besuchern im Jahr ist Phuket die populärste Badeinsel Asiens. Insbesondere Pauschalurlaubern werden an den Stränden des etwa 50 mal 20 km messenden Eilandes (450 000 Einw.) alle Wünsche erfüllt. Bevor Tourismus für Wohlstand sorgte, war Phuket dank Zinnminen, Kautschukplantagen und der Perlenzucht wirtschaftliches Zentrum Südthailands.

SEHENSWERT
Der **Phuket Botanic Garden** (rund 8 km südlich Phuket Town am ausgeschilderten Weg nach Chalong, https://phuketbotanicgarden.com, tgl. 9.00–17.00 Uhr) ist ein Muss für alle Flora-Freunde. Ebenso besuchenswert ist das **Phuket Aquarium** (199 Moo 4 Thanon Wichit, 16 km südl. Phuket Town, www.aquaria-

phuket.com, tgl. 10.30–19.00 Uhr), und in der Stadt selbst lohnt die teils denkmalgeschützte Chinatown rings um die prachtvoll herausgeputzte **Soi Romanee** unbedingt einen Besuch.

ERLEBEN

Von den 16 Hauptstränden der Insel ist **Patong** der mit Abstand populärste und an Angeboten reichste. Ansprechender sind die ruhigeren Strände **Karon** und **Kata**. Als schönster gilt der exklusiv teure **Nai Harn**. Hinsichtlich Aktivitäten: Den besten Überblick bietet die Internetseite www.phuket101.net/de.

NACHTLEBEN

Patong hat mit Hunderten Pubs und Dutzenden Discos das heißeste Nachtleben der Insel. **Simon Cabaret** bietet eine der renommierten Travestie-Shows Asiens (8 Thanon Sirirat, Patong Beach, Tel. 08 78 886 888, www.simoncabaret phuket.com, 18.00, 19.30 und 21.00 Uhr, mehrmals nächtl.).

HOTELS UND RESTAURANTS

Das Unterkunftsangebot ist überbordend. Zum **€ € € € Impiana Resort** am Strand mit in einem Park verteilten Bungalows gibt es kaum Alternativen (41 Thanon Thaweewong, Patong Beach, Phuket 83150, Tel. 076 340 138, https://impianaresortphuket.com-patong.com/de). Am Karon Beach bietet nur das **€ € € € Beyond Resort Karon** perfekten Meerblick (51 Thanon Karon, Karon Beach, Phuket 83100, Tel. 076 330 006, https://karon.beyondresort.com).
Das beste der ungezählten Restaurants ist das **€ € € € Baan Rim Pa** (Patong Beach, 223/1

Tipp

Die kleine Lange

Im Zentrum der Phang-Nga-Bucht präsentiert sich die »kleine, lange Insel«, so die Übersetzung von Ko Yao Noi, als einzigartiger Logenplatz der Natur. Zusammen mit seiner Schwesterinsel Ko Yao Yai ist das rund 50 km² umfassende Eiland das größte Wildnisrefugium der Region. Trotz der Nähe zu Thailands beliebtesten Urlaubszielen hat Ko Yao Noi ein ursprüngliches Gepräge bewahrt, und zum Großteil ist die Insel von dichtem Regenwald bedeckt. Das Hauptdorf Ta Khai, eine malerische Holzhaussiedlung, hat sich seit Anfang der 1990er-Jahre, als die erste Bungalowanlage eröffnet wurde, nur unwesentlich verändert. Selbst die vorzugsweise die sandige Ostküste säumenden Strände, scheinen noch im Dornröschenschlaf zu liegen, obwohl bereits etliche Ferienanlagen um Kundschaft werben und das Angebot an Aktivitäten enorm ist.

Beste Websites sind www.kohyao.info und www.kohyaotravel.com

Monkey Beach auf Phi Phi Don (oben links und unten rechts). Mangroven säumen die Küste bei Krabi (oben rechts).

Thanon Phrabaramee, Tel. 076 340 789, www.baanrimpa.com; tgl. ab 12.00 Uhr).

UMGEBUNG

Ob man an Bord von Dschunken, Segelyachten, Langschwanz- oder Schnellbooten ins Inselparadies des **Phang Nga Marine National Park** reist, ist eine Frage des Geschmacks – aber hin muss man! Im Rahmen der (überall angebotenen) Tagestouren geht es zunächst durch Mangrovensümpfe, sodann von Insel zu Insel, schließlich auch zur James-Bond-Insel und zum Stelzendorf **Ko Panyi**, in dem 200 Familien über dem Wasser leben.

INFORMATION

Tourist Office, Phuket Town, 191 Thanon Thalang, Tel. 076 212 213. U. a. informieren die Internetseiten www.phuket-thailand.de, https://online-phuket.com und www.phuket 101.net

3 Krabi

In der Provinz Krabi zeigt sich die Tropennatur in ihrer spektakulärsten Ausprägung. Zentrum ist das gemütliche Metropolchen Krabi Town (31 000 Einw.), doch der Tourismus konzentriert sich auf das nahe Ferienzentrum Ao Nang und die vorgelagerten Inseln, von denen Ko Phi Phi die berühmteste ist.

SEHENSWERT

Attraktion der gesamten Region ist das 3 km nördl. Krabi Town liegende **Wat Tham Sua**, das wohl am eindrucksvollsten gelegene Höhlen- und Waldkloster des Südens.

ERLEBEN

Die Strände liegen nicht direkt bei Krabi Town, sondern an der rund 17 km entfernten Küste beim Ferienzentrum **Ao Nang**. Der Ao Nang Beach kann bei aller Schönheit nicht mit den von dort aus per Boot erreichbaren Stränden **Pai Plong, Rai Leh, Tonsai** und **Phra Nang** konkurrieren. Sie sind in landschaftlicher Hinsicht eindrucksvoll und werden zu den Strandsensationen dieser Welt gezählt.
Einen **Bootsausflug** in die märchenhafte Inselwelt vor Krabi darf man sich nicht entgehen lassen; den besten Überblick gibt die Five-Island-Tour. Im Rahmen von **Kajaktouren** (www.seakayak-krabi.com) geht es in die Mangrovensümpfe, **Krabi Eco Cycle** (auf Facebook, http://krabiecocycle.com) führt zu den landfesten Höhepunkten. Als **Kletterparadiese** Asiens gelten die Felswände der Strände Rai Leh, Phra Nang und Ton Sai (www.railay.com).

HOTELS UND RESTAURANTS

Die Unterkunftspreise sind relativ günstig. Direkt hinter dem Ao-Nang-Strand wohnt man im **€ € € € Peace Laguna Resort**, einer großen Gartenanlage mit allein drei Pools (Ao Nang Beach, Krabi 81000, Tel. 075 637 344, www.peacelagunaresort.com). Das **€ € € / € € Tonsai Bay Resort** schmiegt sich direkt hinter den Strand an grandiose Kletterwände und bietet guten Mittelklasse-Komfort für wenig Geld (Tonsai Beach, Krabi 81000, https://tonsaibay resort.com-krabi.com/de). Will man vom Urwaldrand über Palmgipfel bis zum Meer blicken – **€ € / € Phanom Bencha Mountain Resort** ist eine einzigartige Anlage: phantastisch bepflanzt, der Pool von einem Waldbach gespeist (Krabi 81000, Tel. 08 10 896 135, https://phanombenchamountainresort.com; außerhalb Krabi Town, die Abholung wird organisiert).
Einen vergleichbaren Sunset in einem ähnlich romantisch-eleganten Setting wie im **The Hilltop Ao Nang** (Ao Nang, Tel. 075 637 195, www.thehilltopaonang.com, tgl. 11.00–23.00 Uhr) wird man kaum irgendwo finden.

UMGEBUNG

Eine jede Insel vor Krabi hat ihren eigenen Charakter – findet der an unverfälschtem insularen Leben interessierte Reisende auf **Ko Yao Noi** (s. Tipp links) alles nach Maß, kann er sich auf **Ko Jum** (www.kohjumtravel.com, https://kohjumhotels.com) wie Robinson Crusoe fühlen, ohne auf touristische Infrastruktur verzichten zu müssen, während auf **Ko Phi Phi** (www.visit-phiphi.com, https://phi-phi.com), angeblich schönste der Welt, die Angebote unerhörte Blüten treiben und das Nachtleben heißer nicht sein könnte. Entspannt geht es dagegen auf **Ko Lanta** zu (https://koh-lanta.de, www.kolanta.net, https://amazinglanta.com), einer ruhigen Ferieninsel für perfekten Badespaß.

INFORMATION
Krabi Tourist Association, 292 Thanon Maharat, Krabi Town, Tel. 075 213 213, www.krabitourism.com und https://wearekrabi.com

4 Ko Lipe

Die nahe der Malaysia-Grenze im Tarutao National Park gelegene und vom Festland rund 80 km entfernte Insel ist die einzige im Schutzgebiet mit touristischen Angeboten. Man misst sie nicht an ihren nur 4 km², sondern an der Schönheit ihrer Strände, den Ausflugsmöglichkeiten – und vor allem am Massenansturm und hohen Preisniveau. Bewohnt wird Ko Lipe in der Mehrzahl von Chao Lee, die eigentlich als Seenomaden in der Andamanensee lebten und hier ein festes Zuhause gefunden haben. Aufgrund der Lage kann der gesamte Archipel nur zwischen Nov. und Mai besucht werden.

ERLEBEN
Fußwege verbinden die Strände. Populärster ist der **Pattaya Beach** entlang einer Halbmondbucht. Den Inselosten flankiert **Sunrise Beach** mit idealen Schnorchelbedingungen. Dutzende unbewohnte Urwaldinseln sind Ziele von **Boots- und Schnorcheltouren** – obwohl man auch direkt vor Ko Lipe vom Strand aus reiche Korallentauchgründe findet (Forra Dive, Tel. 06 21 517 672, www.forradiving.com).

HOTELS
Dank seiner Lage über Strand und Meer bietet das **€ € € € / € € € Mountain Resort** einen Traumblick (Sunrise Beach, Ko Lipe 91110, Tel. 074 750 917, www.mountainresortlipe.com).
€ € / € Forra Eco Lodge: der Name ist Programm (Sunrise Beach, Ko Lipe 91110, Tel. 06 21 517 672, www.forradiving.com).

UMGEBUNG
Auf dem »Weg« nach Ko Lipe liegt **Ko Tarutao**, mit 150 km² größte unbewohnte Insel Thailands und Zentrum des gleichnamigen, 51 Inseln umfassenden Nationalparks. Sie bietet die wildesten Traumstrände, und vom Nationalparkamt (mit Infostelle, Unterkünften, Restaurant; www.thainationalparks.com) aus werden zahlreiche Ausflüge in die Wildnis angeboten. Nördl. liegt mit **Ko Bulon Lae** (u. a. www.buloneresort.com) ein 1 km² großes Strand- und Urwaldeiland, wie geschaffen für entspannte Tage. **Ko Libong** (u. a. https://andalayresort.com) beeindruckt Naturliebhaber als Rastplatz für Zugvögel und als Heimat von Seekühen, denen man im Rahmen von Beobachtungstouren nahe kommen kann.

INFORMATION
U. a. informieren die Internetseiten www.kohlipeisland.org, www.welovekolipe.com, www.kohlipe.my

JA **NATÜR** LICH

LEBEN WIE ROBINSON

Wer hätte nicht schon einmal geträumt, allein auf einer Insel zu weilen, sich der Unendlichkeit des Meeres zu stellen, hinabzutauchen in glasklare Tiefen zu schillernden Korallenriffen, hinaufzusteigen in steile Urwaldhöhen und sich nach des Tages »Mühen« unter einem Wasserfall ein Bad zu gönnen?

Auf Ko Rawi, nur etwa eine Bootsstunde von Ko Lipe entfernt, kann man sich diesen Traum erfüllen. An Grundausstattung reicht eine einfache Campingausrüstung – Zelt, Kocher und Topf, was man am besten schon von zu Hause mitbringt. Dazu Lebensmittel für ein paar Tage, die man, ebenso wie eine eventuelle Angel, auf Ko Lipe kaufen kann. Die Unterkünfte der Ferieninsel sind bei der Organisation des Bootstransfers behilflich, und wer ein größtes Maß an Freiheit genießen will, nimmt eines der überall zum Verleih stehenden Kajaks mit.

Etwa eine Stunde währt die Passage von Ko Lipe nach Ko Rawi hinüber, wo sich insbesondere die Park Ranger-Station Tao Palian als Robinson-Quartier anbietet: Am angrenzenden Strand finden sich idyllische Zeltplätze im Schatten großer Bäume, die Ranger-Station ist mit Toiletten und Duschen ausgestattet, auch Trinkwasser und kalte Getränke sind erhältlich, und im Hinterland lädt ein Wasserfall im Urwald ein. Ein anderer Weg hat den unwirklich schönen Strand Ao Leuk zum Ziel, Dutzenden kleiner Sandbuchten sind im glasklaren Meer Korallenriffe vorgelagert, und sehr schnell wird sich unwillkürlich die Frage stellen, wie es wohl wäre, nicht dorthin zurückzukehren, woher man gekommen ist …

Die etwa 30 km² große und bis 470 m hoch aufragende Insel Ko Rawi ist unbewohnt und mit Regenwald bewachsen. Die am Südostende der Insel gelegene Station Tao Palian ist mit zwei Rangern besetzt, die ein Handy haben. So ist es problemlos möglich, sich vom Bootsführer zu einem gewünschten Termin wieder abholen zu lassen.

Vor allem auf den Inseln gehört frischer Fisch zu den attraktiven Tagesgerichten (rechts oben). Dekorativ wie ein Blumenbouquet: Knoblauchberge auf einem regionalen Markt im Norden des Landes (rechts unten). Moderne Gastlichkeit bietet die »Moon Bar« auf dem Banyan Tree Tower in Bangkok (rechte Seite).

HILFREICH & NÜTZLICH

Praktische Informationen für die Reise und einiges Wissenswerte über Thailand haben wir hier für Sie zusammengetragen.

Auskunft

Allgemeine **Reiseinformationen** erhält man beim Thailändischen Fremdenverkehrsamt (auch für Österreich), Kirchnerstraße 6–8, 60311 Frankfurt/Main, Tel 069 138 13 90, www.thailandtourismus.de. Für die Schweiz ist die Niederlassung in Bern zuständig (Zähringerstrasse 16, 3012 Bern, Tel. 031 300 30 88, www.tourismthailand.ch). In Thailand wende man sich an die offiziellen Fremdenverkehrsbüros (www.tourismthailand.org) in den touristischen Zentren.
Die meisten besseren Unterkünfte, Tourenveranstalter etc. haben eine englischsprachige **Internetseite**, meist kann man online buchen. Informativ: www.thaizeit.de, https://thai-ticker.com, www.klick-thailand.de. Die größte thailändische Suchmaschine ist www.google.co.th (auch auf Englisch).

Geld

Zahlungsmittel ist der Thailändische Baht (Bt), das kleinste gängige Geldstück ist 1 Bt, das größte 10 Bt (goldfarben). Nur auf neueren Münzen ist der Wert in arabischen Zahlen eingeprägt. Noten gibt es zu 20, 50, 100, 500 und 1000 Bt; 100 Bt entsprechen 2,57 €. **Banken** findet man in jedem größeren Ort, auch in den **Wechselstuben** der Touristenzentren kann man Bargeld tauschen oder Reiseschecks einlösen. Selbst in kleineren Ortschaften finden sich **Geldautomaten**, die zumeist die gängigen Kreditkarten und Bank-Karten akzeptieren. Mit **Kreditkarten** kann man in den meisten besseren Hotels und Resorts zahlen.

Gesundheitsvorsorge

Impfungen werden nicht verlangt. Sinnvoll sind Tetanus- und Polioimpfung sowie evtl. Hepatitis-Prophylaxe. Malaria ist an der Grenze zu Kambodscha und Myanmar verbreitet. Am besten schützt man sich zwischen Sonnenunter- und Sonnenaufgang mit bedeckender Kleidung und Mücken abweisenden Mitteln; Zimmer ohne Klimaanlage sind meist mit Moskitonetz oder Mückengitter ausgestattet. Da in Thailand über 800 000 Menschen mit HIV infiziert sind, ist entsprechender Schutz bei sexuellen Kontakten unabdingbar.
Das **Gesundheitswesen** in Thailand ist sehr hoch entwickelt. Selbst im ländlichen Abseits finden sich Erste-Hilfe-Stationen, in allen größeren Ortschaften gibt es Krankenhäuser. Zumeist spricht einer der Ärzte oder Pfleger Englisch. In den Städten herrscht kein Mangel an Ärzten und Zahnärzten, die Gebühren für eine einfache Konsultation liegen bei etwa 20 € bzw. in den Touristenzentren bei etwa 4–50 €. **Apotheken** finden sich auch auf dem Land und gut bestückt. Es empfiehlt sich der Abschluss einer privaten **Auslandskrankenversicherung**.

Info

Daten & Fakten

Geografie: Thailand liegt im westl. Teil der Indochina-Halbinsel. Im Norden und Nordwesten bildet das Tenasserim-Gebirge die Grenze nach Myanmar, im Nordosten stellt der Mekong die natürliche Grenze zu Laos dar, im Osten grenzt das Dangrek-Gebirge nach Kambodscha ab, im Süden, auf der Malaiischen Halbinsel, besteht eine »offene« Grenze zu Malaysia. Thailand umfasst rund 513 000 km² (eineinhalb Mal so groß wie Deutschland), erstreckt sich in Nord-Süd-Richtung über 1770 km, ost-westlich über rund 800 km, und ist dabei an seiner schmalsten Stelle 15 km breit. 35 % der thailändischen Landfläche sind bewaldet, in mehr als 250 Schutzgebieten stehen rund 20 % der Landesfläche unter Naturschutz. Die Küsten am Golf von Thailand und an der Andamanensee erstrecken sich über 3200 km. Der höchste Berg ist der 2565 m messende Doi Inthanon in Nordthailand, längster Fluss der 850 km lange Menam Chao Phraya, an dem auch die Hauptstadt Bangkok liegt.
Bevölkerung: Von den rund 72 Mio. Einwohnern sind etwa 80 % Thai. Größte ethnische Minderheit ist mit 15 % die chinesischstämmige Bevölkerung. Daneben gibt es 5 % islamische Malaien (vor allem in Südthailand), Khmer, Vietnamesen, Inder, Burmesen und Nepali. Im Norden leben Bergvölker diverser Ethnien. Bevölkerungswachstum: 0,1 %, die Analphabetenrate liegt unter 4 %. 95 % der Bevölkerung sind Buddhisten, 5 % Muslime.
Sprache: Thailändisch gehört zur Familie der Tai-Kadai-Sprachen, gesprochen von etwa 80 Mio. Menschen in Südostasien und im Süden Chinas. Sie ist tonal: Die meist einsilbigen Wörter erlangen durch unterschiedliche Tonhöhen und Tonverläufe gänzlich unterschiedliche Bedeutungen. Sie wird mit einem eigenen Alphabet geschrieben.
Wirtschaft: Thailand ist die zweitgrößte Volkswirtschaft Südostasiens mit einem Bruttoinlandsprodukt (BIP) pro Kopf von rund 7300 US-$. Landwirtschaft macht rund 8,8 % des BIP aus, Industrie 35,1 %, der Dienstleistungssektor 56,3 %. Mit gut 28 Mio. ausländischen Reisenden, davon rund 5 Mio. aus Europa, ist der Tourismus mit über 20 % des BIP die wichtigste Devisenquelle.

Hotels

Ausgewählte Hotelempfehlungen finden Sie auf den Infoseiten der einzelnen Kapitel.

Preiskategorien

€€€€	Doppelzimmer	über 100 €
€€€	Doppelzimmer	50 – 100 €
€€	Doppelzimmer	30 – 50 €
€	Doppelzimmer	unter 30 €

Notruf

Touristenpolizei Tel. 1155
Notruf Tel. 191
Feuerwehr Tel. 199

Reisedokumente

Für die Einreise ist ein **Reisepass** erforderlich, der am Tag der Ankunft noch mindestens sechs Monate lang gültig sein muss. Auch Kinder, selbst Säuglinge, benötigen einen Reisepass mit Foto (keinen Kinderausweis!). Ein **Visum** ist nicht erforderlich, wenn man max. 30 Tage im Land (Verlängerung um 30 Tage ist möglich) bleibt und ein bestätigtes Rückflug- oder Weiterreiseticket (kein Open-date-Ticket) vorweist. Ein Touristenvisum ist für 60 Tage gültig. Ein Multiple-entry-Visum berechtigt zu mehreren Aufenthalten von bis zu 60 Tagen. Mit dem Non-Immigrant-Visum kann man 90 Tage bzw. mit dem Multiple-entry-Visum bis zu einem Jahr im Land bleiben. Die Beantragung eines Visums dauert nur wenige Tage und muss über www.thaievisa.go.th erfolgen (es gibt nur noch elektronische Visa).
Thailändische **Botschaften** finden sich in: Deutschland (Lepsiusstraße 64, 12163 Berlin, Tel. 030 79 48 10, https://berlin.thaiembassy.org/de), Österreich (Cottaggasse 48, 1180 Wien, Tel. 01 478 33 35, www.thaiembassy.at), Schweiz (Kirchstrasse 56, 3097 Liebefeld-Bern, Tel. 03 970 30 30 34, www.thaiembassy.ch).

Reisezeit

Thailand hat **drei Jahreszeiten**: Von Mitte Mai bis Nov. weht der Monsun aus Südwest und beschert eine Regenzeit mit mehr oder weniger starken Niederschlägen insbesondere am Spätnachmittag und hoher Luftfeuchtigkeit. Während des Nordost-Monsuns von Nov./Dez. bis Febr./März herrscht die kühle Zeit, während der die Luftfeuchtigkeit gering und die Schönwetterwahrscheinlichkeit am höchsten ist. Es folgt eine sehr heiße Zeit, und erst gegen Mitte Mai, mit Einsetzen des Südwest-Monsuns, kühlt es wieder ein wenig ab. Rundum **emp-**

Info

Geschichte

36 000–Zeitenwende Erste Spuren menschlicher Besiedlung finden sich ab 36 000 v. Chr, ab ca. 8000 v. Chr. wird Ackerbau betrieben.
7.–14. Jh. Ab 860 wandern Thai-Stämme aus dem südchinesischen Raum in den Norden Thailands ein. 1238 brechen die Thais das Gebiet um Sukhothai aus dem Khmer-Staatengebiet und gründen ein erstes Königreich auf »thailändischem« Boden.
1376–1767 Das Reich von Siam entwickelt sich von der neuen Hauptstadt Ayutthaya aus zum mächtigsten Staat in ganz Südostasien, bis die Burmesen 1767 Ayutthaya einnehmen und zerstören.
1782–1945 Neue Hauptstadt wird Bangkok, wo General Phraya Chakri als Rama I. 1782 die bis heute herrschende Chakri-Dynastie gründet. Seinen Nachfolgern gelingt es, Thailands Souveränität gegenüber den Kolonialmächten zu bewahren. Unter Rama VI. engagiert sich Siam im Ersten Weltkrieg auf Seiten der Alliierten. 1932 wird die absolute Monarchie abgeschafft und ein konstitutionelles Königtum festgeschrieben. Im Zweiten Weltkrieg verbündet sich Thailand mit Japan, bis es sich 1944 mit den Alliierten verständigt, wodurch es seine Souveränität bewahren kann.
1946 besteigt König Bhumibol Adulyadej als Rama IX. den Thron, den er bis 2016 innehat. Seit 1932 wechseln sich hohe Militärs in der Landesführung ab (bis 1973 bzw. 1988). Thailand orientiert sich an den USA.
2001 Aus den Parlamentswahlen geht der Multimilliardär Thaksin Shinawatra mit seiner Partei Thai Rak Thai (Thais lieben Thais) als Sieger hervor. Sein Regierungsstil wird zunehmend autoritär-autokratisch, und da er zudem erklärter Islam-Gegner ist, spitzt sich die Lage in den vier vorwiegend von Muslimen bewohnten Provinzen an der malaiischen Grenze drastisch zu.
2004 Am 26. Dez. überrollt ein Tsunami die Küste an der Andamanensee und fordert nach offiziellen Angaben rund 5500 Tote nebst 3000 Vermissten. Die materiellen Schäden belaufen sich auf Milliarden Euro.
2006–2008 Im Sept. stürzt das Militär mit Unterstützung der Volksallianz für Demokratie (PAD) den u. a. mit Korruptionsvorwürfen belasteten Regierungschef Thaksin. Aus den Parlamentswahlen im Dez. 2007 geht die von Thaksin-Anhängern gegründete populistische Volksmachtpartei (PPP) als Siegerin hervor. Als diese 2008 versucht, Thaksin Straffreiheit zu ermöglichen, ruft die PAD zu Massenprotesten auf. Demonstranten besetzen den Regierungssitz und den internationalen Flughafen Bangkoks. Das Parlament wählt Abhisit Vejjajiva von der PAD zum neuen Regierungschef.
2009 Thaksin wendet sich aus dem Asyl an seine als »Rothemden« bekannten Anhänger, die sich in der neuen Partei »Vereinigte Front für Demokratie und gegen Diktatur (UDD) sammeln und im April den Gipfel der Südostasiatischen Staatengemeinschaft (ASEAN) in Pattaya stürmen. Ihr Ziel ist es, Abhisit Vejjajiva zu stürzen. Die Unruhen greifen auf Bangkok über, der Notstand wird ausgerufen.
2010 Im April und Mai legen »Rothemden« weite Teile Bangkoks lahm und fordern Premierminister Abhisit Vejjajiva auf, Neuwahlen auszurufen. Erneuter Ausnahmezustand. Mit einer mehrtägigen militärischen Operation werden die Proteste beendet; über 85 Menschen kommen ums Leben, mehr als 2000 werden verletzt.
2011 Am 3. Juli finden vorgezogene Parlamentswahlen statt, aus denen die Pheu-Thai-Partei (Nachfolgepartei der PPP) um Yingluck Shinawatra, Schwester des früheren Premierministers Thaksin Shinawatra, als Siegerin hervorgeht. Sie regiert mit einer Zweidrittelmehrheit. In der zweiten Jahreshälfte kommt es in Thailand zur größten Flutkatastrophe seit 50 Jahren.
2013/2014 Im Nov. 2013 versucht die Regierung ein Amnestiegesetz durchzudrücken, das nur dem einen Zweck dient, den gestürzten Regierungschef Thaksin Shinawatra aus dem Exil zurückzuholen und ihm Straffreiheit zu gewähren. In Bangkok kommt es daraufhin zu heftigen Demonstrationen. Um weitere Gewalt zu verhindern, übernimmt im Mai 2014 das Militär die Macht unter General Prayut Chan-o-cha.
2016 Durch ein Referendum sichert sich die Militärjunta langfristige Machtausübung. Am 13. Oktober verstirbt König Bhumipol Adulyadej im Alter von 88 Jahren. Am 1. Dezember tritt Kronprinz Maha Vajiralongkorn als Rama X. die Thronfolge an.
2023 Bei den Wahlen erhält die liberale Fortschrittspartei mit 36,2 % die meisten Stimmen, darf aber keine Regierung bilden, da sie vom Militär blockiert wird. Mit der Regierungsbildung wird vielmehr die bisherige Oppositionspartei Pheu Thai beauftragt, die eine elf Parteien umfassende Koalition anführt. Premierminister ist Srettha Thavisin, einst Chef eines der größten Immobilienentwicklungsunternehmen Thailands.

fehlenswert ist die Zeit von Dez. bis Febr., und sie markiert die Hochsaison.

Restaurants

Ausgewählte Restaurantempfehlungen finden Sie auf den Infoseiten der einzelnen Kapitel.

Preiskategorien

€ € € €	Hauptspeisen	über 15 €
€ € €	Hauptspeisen	10 – 15 €
€ €	Hauptspeisen	5 – 10 €
€	Hauptspeisen	unter 5 €

Sicherheit

Thailand gilt als eines der sichersten Länder Asiens. Dennoch sind die auf Reisen üblichen Sicherheitsvorkehrungen zu treffen. In allen Touristenzentren finden sich Niederlassungen der **Touristenpolizei**, deren Beamte Englisch sprechen. **Aktuelle Reiseinformation**, auch zur politischen Lage, bietet das Auswärtige Amt (www.auswaertiges-amt.de). Jedwede Kritik am Königshaus (Majestätsbeleidigung!), der Regierung und den Gegebenheiten des Landes sollte man sich verkneifen; auch online!

Verkehr

Einen schnellen Überblick über die Fahrpläne für Flugzeug, Bus und Zug geben u a. **www.bookaway.com** und **https://12go.asia/de**, über die man alle Transporte online buchen kann. **Linksverkehr** und **Rechtslenkung** sind etwas gewöhnungsbedürftig. Schwerer fällt es, sich mit der Missachtung der offiziellen Verkehrsregeln, die in etwa unseren entsprechen, zu arrangieren. Generell haben große Fahrzeuge wie Lastwagen und Busse Vorfahrt. Man sollte langsam und vorsichtig fahren und sich die thailändische Gewohnheit zu eigen machen, beim Überholen von Fahrzeugen und Fußgängern ständig die Hupe zu betätigen bzw. nachts dazu die Lichthupe zu aktivieren.

Zeit

Thailand ist der mitteleuropäischen Zeit während der Sommerzeit um fünf Stunden bzw. im Winter um sechs Stunden voraus. Die Uhrzeitangabe folgt dem britischen Zwölfstunden-Schema: Dabei steht a.m. für »vor Mittag«, p.m. für »nach Mittag«.

Info

Wetterdaten Phuket

	TAGES-TEMP. MAX.	TAGES-TEMP. MIN.	WASSER-TEMP.	TAGE MIT NIEDER-SCHLAG	SONNEN-STUNDEN PRO TAG
Januar	32°	23°	27°	3	9
Februar	33°	24°	28°	2	10
März	34°	24°	28°	4	9
April	33°	25°	29°	9	8
Mai	32°	25°	29°	19	6
Juni	32°	25°	29°	17	5
Juli	31°	24°	28°	17	6
August	31°	24	28°	17	6
September	31°	24°	28°	21	5
Oktober	31°	24°	28°	20	6
November	31°	24°	28°	13	7
Dezember	31°	24°	27°	6	8

Dem täglichen Ritual der Flaggenparade – jeweils um 8.00 und um 18.00 Uhr – kann sich in Thailand keiner entziehen.

REGISTER

Fette Ziffern verweisen auf Abbildungen

Impressum

7. Auflage 2025

Verlag: DuMont Reiseverlag, Postfach 3151, 73751 Ostfildern, Tel. 0711 45 02 0, www.dumontreise.de
Geschäftsführer: Dr. Stephanie Mair-Huydts, Markus Schneider
Programmleitung: Andrea Wurth
Redaktion: Achim Bourmer
Text: Michael Möbius
Exklusiv-Fotografie: Christian Heeb
Titelbild: Huber Images/Luigi Vaccarella (Insel Phi Phi, Andamanensee)
Zusätzliches Bildmaterial: dpa/Chromorange/Haefele (S. 33 l.); dpa/Julian Abram Wainwright (S. 35); DuMont Bildarchiv/Martin Sasse (S. 86 u., 90 u.); Christian Heeb (S. 10/11, 18/19, 39 u., 48 l., 51 o.r., 51 u.r., 52 o.r., 68 l., 81 u.r., 82 o.r., 94 l., 95 o., 97 or., 97 u.r., 113 u., 114 l., 118, l.); Horst Keppler (S. 39 o., 49 u.r., 79 u., 95 u.l., 95 u.r.); Khao Sok Tree House (S. 21 u.l.); laif/Frank Heuer (S. 21 o.); ; Mandarin Oriental Bangkok (S. 20); mauritius images: John Elk III (S. 21 u.r.), EyeEm (S. 120 o.), Alamy/Svetlana Isochenko (S. 120 u.), Pitopia/PRILL Mediendesign & Fotografie (S. 121 u.r.); Shutterstock: tnst (S. 32), Lisa-Lisa (S. 33 r.), 1000 Words (S. 34), Odai Designs (S. 76 o.l.), Suwit Ngaokaew (S. 83), John Back (S. 99)
Grafische Konzeption, Art Direktion: fpm factor product münchen
Cover Gestaltung, Layout: Cyclus · Visuelle Kommunikation, Stuttgart
Kartografie: © MAIRDUMONT GmbH & Co. KG, Ostfildern; Kartografie Lawall (Karten für »Unsere Favoriten«)
DuMont Bildarchiv: Marco-Polo-Straße 1, 73760 Ostfildern, bildarchiv@mairdumont.com

Anzeigenvermarktung: MAIRDUMONT MEDIA, Tel. 0711 45 02-0, media@mairdumont.com, http://media.mairdumont.com
Vertrieb Zeitschriftenhandel: PARTNER Medienservices GmbH, Postfach 810420, 70521 Stuttgart, Tel. 089 31 90 62 12
Vertrieb Buchhandel und Einzelhefte: MAIRDUMONT GmbH & Co. KG, Marco-Polo-Straße 1, 73760 Ostfildern, Tel. 0711 45 02-0
Reproduktionen: PPP Pre Print Partner GmbH & Co. KG, Köln

Printed in Germany

Urlaub erinnern …

Wenn jemand eine Reise tut, dann kann er was erzählen. Und nicht nur das: Er nimmt auch etwas mit. Erinnerungen an die schönste Zeit im Leben.

BODY, MIND & SPIRIT

»Freude am Sein« ist ein ganz besonderes Mitbringsel, und dies zu vermitteln hat sich The Sanctuary verschrieben, ein magischer Ort am Dschungelhang überm Meer mit Traumstrand, wo sich alles um Yogakurse und Workshops, Detox-Programme und Body Treatments sowie Healing Therapies dreht (Ko Pha Ngan, www.thesanctuarythailand.com).

WOK UND WEG

Die Vielfalt der hiesigen Küche hat ihr den Ruf eingebracht, eine der besten der Welt zu sein: Thailand ist ein einziger Sinnenreiz selbst noch in einer Kochschule, und wenn Sompon Nabniam den Wok bedient, sind alle Teilnehmer des Kurses »wok und weg«. Sompon, u. a. auch Fernsehkoch und Kochbuchautor, ist ein international renommierter Meister der klassischen Thaiküche. Das kann man schmecken, und wer in seiner Schule die Grundbegriffe der Thaiküche erlernt hat, für den geht auch zu Hause die Liebe zu Thailand immer wieder durch den Magen (Chiang Mai Thai Cookery School, www.facebook.com/CMTCS1993).

HANG LOOSE!

Was für ein Erlebnis, einfach mal nichts, aber auch rein gar nichts machen zu müssen und dabei nicht mal ein schlechtes Gewissen zu haben, weil man ja nichts verpasst. Denn auf Ko Siboya passiert nichts. Kein Tempel-Gucken, kein Shopping, keine Tauchtouren, kein Nightlife – nichts! Nur so dasitzen und Tiefenentspannen, einen kühlen Drink neben der Hängematte. – So stellen wir uns Erholung vor, die nachhaltig auch noch zu Hause wirkt (www.siboyabungalows.com).

STAIRWAY TO HEAVEN

»1237 Steps To Top Mountain« verkündet ein Schild lakonisch, und falls Sie sich überschätzt haben, werden Sie auf der »Himmelsleiter« des Wat Tham Sua bei Krabi auf der Strecke bleiben. Doch plötzlich ist man oben, ganz oben auf dem 278 m messenden Gipfel des heiligen Klosterbergs, eine Panoramainsel im Cinemascope-Meer von Kalkstein-Gebirgswogen. Bilder gibt's, die trägt man in sich, ein Leben lang!

»GIRLS JUST WANNA HAVE SUN«

Graffiti in einem thailändischen Backpacker-Hostel

FLOHMARKTLABYRINTH GANZ GROß

Wie wäre es mit einem Hulk in Giftgrün? Oder darf's vielleicht eine Cobra sein, ein Kampfhahn? Warum nicht eine Violine oder ein Bonsaibäumchen, 60er-Jahre-Vintage oder eine Ritterrüstung? Und türmen sich hier auf hundertmeterlangen Auslagen Berge von Kleidung, so sind dort die Stände mit Souvenirs, exotischen Pflanzen und Kräutern, Kosmetika und Gewürzen, Opiumpfeifen und Kondomen überladen: »You name it – you get it!« (Chatuchak Weekend Market, www.chatuchakmarket.org)

SCHWEIGEN STATT SCHWATZEN

Nur eins ist vergleichbar mit der sanften Euphorie, die sich einstellt, wenn es zum ersten Mal glückt, das stete Schweifen der Gedanken anzuhalten. Und das ist der Flash, wenn man nach zehn Tagen des vollkommenen Schweigens die Funkstille beenden muss. Es ist eine hohe Kunst, Ruhe vor sich selbst zu finden, denn das Smartphone auszuschalten alleine reicht nicht. Aber vielleicht ein Zehn-Tages-Retreat in einem Meditationskloster! Doch selbst, wenn es Ihnen nicht gelingen sollte, die »Power of Now« zu finden, werden Sie sich wundern, wie erholsam es ist, zu meditieren und nicht ständig aufs Smartphone zu stieren (Wat Suan Mokkh, www.suanmokkh-idh.org).

DURCH DIE BLUME

Wann immer ich irgendwo eine Lotusblüte sehe, erinnert sie mich an Thailand – man nennt sie dort übrigens Dok Bua. Im Buddhismus zählt die Lotusblüte zu den acht Kostbarkeiten. Sie ist ein Symbol für Reinheit und Schönheit. In Asien erfreut man sich jedoch nicht nur an der Pflanze, sondern nutzt jeden Teil von ihr. In der thailändischen Küche findet sie häufig Verwendung und wird sogar als Heilpflanze geschätzt. Mein Versuch, eine Lotuspflanze zu Hause im Topf zu hegen und pflegen, scheiterte jedoch kläglich.

PRO
GRAMM

FRANKREICH SÜDWESTEN OKZITANIEN

Eine faszinierende Vielfalt zeichnet die südfranzösische Region zwischen der Rhone und der Grenze zu Spanien aus mit nahezu unberührten Landschaften wie den Cevennen und tollen Städten wie Toulouse und Montpellier.

Die schönsten Bastiden
Kennen Sie Aigues-Mortes, Mirepoix oder Najac? Nein? Müssen Sie kennenlernen. Es sind mittelalterliche Städtchen von unglaublichem Reiz.

www.dumontreise.de

NORDSEEKÜSTE SCHLESWIG-HOLSTEIN

Platt ist das Land
In Dithmarschen, auf der Eiderstedter Halbinsel, in Nordfriesland, auf Sylt, Amrum und Föhr, auf Pellworm, Nordstrand und natürlich auf den Halligen.

Genussmomente am Meer
Ein kaltes Bier mit den Füßen im warmen Sand, deftiger Pannfisch in den Dünen, ein Cocktail zum Sunset am Kliff – die schönsten Locations für Genussmomente.

LIEFERBARE AUSGABEN

DEUTSCHLAND
207 Allgäu
216 Altmühltal
220 Bayerischer Wald
180 Berlin
162 Bodensee
217 Brandenburg
175 Chiemgau, Berchtesg. Land
237 Dresden, Sächsische Schweiz
152 Eifel, Aachen
157 Elbe und Weser, Bremen
168 Franken
020 Frankfurt, Rhein-Main
112 Freiburg, Basel, Colmar
231 Hamburg
026 Hannover zw. Harz und Heide
042 Harz
023 Leipzig, Halle, Magdeburg
210 Lüneburger Heide
188 Mecklenburgische Seen
038 Mecklenburg-Vorpommern
033 Mosel
190 München
047 Münsterland
223 Nordseeküste Schleswig-Holstein
006 Oberbayern
161 Odenwald, Heidelberg
035 Osnabrücker Land
002 Ostfriesland
164 Ostseeküste Mecklenburg-Vorpommern
154 Ostseeküste Schleswig-Holstein
201 Pfalz
040 Rhein zw. Köln und Mainz
185 Rhön
186 Rügen, Usedom, Hiddensee
206 Ruhrgebiet
149 Saarland
182 Sachsen
159 Schwarzwald Norden
045 Schwarzwald Süden
018 Spreewald, Lausitz
008 Stuttgart, Schwäbische Alb
239 Sylt, Amrum, Föhr
204 Teutoburger Wald
170 Thüringen
037 Weserbergland

BENELUX
156 Amsterdam
011 Flandern, Brüssel
179 Niederlande

FRANKREICH
177 Bretagne
021 Côte d'Azur
032 Elsass
228 Frankreich Südwesten Okzitanien
240 Französische Atlantikküste
019 Korsika
213 Normandie
235 Paris
198 Provence

GROSSBRITANNIEN/IRLAND
187 Irland
202 London
189 Schottland
227 Südengland

ITALIEN/MALTA/KROATIEN
181 Apulien, Kalabrien
211 Gardasee
222 Golf von Neapel, Kampanien
163 Istrien, Kvarner Bucht
215 Italien, Norden
233 Kroatische Adria
167 Malta
155 Oberitalienische Seen
158 Piemont, Turin
014 Rom
165 Sardinien
003 Sizilien
203 Südtirol
039 Toskana
232 Venedig, Venetien

GRIECHENLAND/ZYPERN/TÜRKEI
034 Istanbul
016 Kreta
176 Türkische Südküste, Antalya
229 Zypern

MITTEL- UND OSTEUROPA
236 Baltikum
208 Danzig, Ostsee, Masuren
169 Krakau, Breslau, Polen Süden
044 Prag
193 St. Petersburg

ÖSTERREICH/SCHWEIZ
192 Kärnten
004 Salzburger Land
196 Schweiz
226 Tirol
197 Wien

SPANIEN/PORTUGAL
043 Algarve
214 Andalusien
150 Barcelona
025 Gran Canaria, Fuerteventura, Lanzarote
172 Kanarische Inseln
199 Lissabon
209 Madeira
174 Mallorca
225 Porto, Portugal Norden
241 Spanien Norden, Jakobsweg
219 Teneriffa, La Palma, La Gomera, El Hierro

SKANDINAVIEN/NORDEUROPA
166 Dänemark
212 Finnland
153 Hurtigruten
029 Island
200 Norwegen Norden
178 Norwegen Süden
151 Schweden Süden, Stockholm

LÄNDERÜBERGREIFENDE BÄNDE
224 Donau – Von der Quelle bis zur Mündung
112 Freiburg, Basel, Colmar
221 Kreuzfahrt auf der Ostsee

AUSSEREUROPÄISCHE ZIELE
183 Australien Osten, Sydney
109 Australien Süden, Westen
218 Bali, Lombok
195 Costa Rica
234 Dubai, Abu Dhabi, VAE
160 Florida
205 Iran
027 Israel, Palästina
242 Japan
230 Kalifornien
031 Kanada Osten
191 Kanada Westen
171 Kuba
238 Marokko
022 Namibia
194 Neuseeland
041 New York
184 Sri Lanka
048 Südafrika
012 Thailand
046 Vietnam